WUSUI YOUXUE
FENGYEGUO

5岁游学枫叶国

李 青 陈敏彤 著

羊城晚报出版社
·广州·

图书在版编目（CIP）数据

5岁游学枫叶国 / 李青，陈敏彤著. —广州：羊城晚报出版社，2016.5

ISBN 978-7-5543-0299-6

Ⅰ. ①5… Ⅱ. ①李… ②陈… Ⅲ. ①学前教育—留学教育—加拿大 Ⅳ. ①G619.711

中国版本图书馆CIP数据核字（2016）第075671号

5岁游学枫叶国

5 Sui Youxue Fengyeguo

策划编辑 郑 毅

责任编辑 郑 毅

责任技编 张广生

装帧设计 友间文化

责任校对 董 琳

出版发行 羊城晚报出版社

（广州市天河区黄埔大道中309号羊城创意产业园3-13B 邮编：510665）

网址：www.ycwb-press.com

发行部电话：（020）87133824

出 版 人 吴 江

经　　销 广东新华发行集团股份有限公司

印　　刷 广州市岭美彩印有限公司（广州市荔湾区花地大道南海南工商贸易区A幢）

规　　格 787毫米×1092毫米 1/16 印张12.25 字数190千

版　　次 2016年5月第1版 2016年5月第1次印刷

书　　号 ISBN 978-7-5543-0299-6/G·382

定　　价 48.00元

自序

工作很多年，相信不少职场妈妈和我一样，在忙忙碌碌，奔跑于生活的轮轴时，仍奢望一段仰望星空的时光……

青春少艾时曾经冲动、未曾实现的出国梦在三十而立、上有高堂下有幼女的时刻摆在你眼前。To be or not to be?

幸运的是，我的答案是——to be。

2013年5月到2014年8月。这一年，光阴飞逝如箭。

从中国广州远赴加拿大蒙特利尔，经历了异国孤身求学的煎熬；为5岁的女儿小猪申请到学位，体验了看似毫无可能的“娘俩游学”；出版了心心念念想要完成的专业著作……这一年，大人和小人从南中国夏日的阳光走进Montreal冬日的冰雪；万里之外的异国，相依相偎的种种新奇、点点酸甜如醴似酪回转于心。

一年很短，短得只剩下今天的鸿泥片爪；一年很长，长得足以盛下人生中经年未能成真的筹划。

一起走进5岁小猪的异国求学经历，看一看5岁小人在加拿大的真实经历！愿小猪和妈妈的故事唤起你心中尘封的旧梦！梦想的遥远在于——你从未尝试！

目录

Chapter 1

5岁小猪也能留学

Chapter 2

不那么一样的加拿大小学

Chapter 3

丰富多彩的小学生活

C O N T E N T S

Chapter 4

外国小学也有压力

Chapter 5

美妙的节日

Chapter 6

蒙特利尔的冬天

CONTENTS

Chapter 7

在加拿大的寻常生活

Chapter 8

再见，加拿大!

Chapter 1
5岁小猪
也能留学

远在加拿大游学的妈妈原来也能带

5岁宝宝一起读书！

娘俩异国游学不是梦……

留学加拿大 妈妈想宝宝

2013年5月下旬，工作逾10年后的我来到加拿大蒙特利尔开始为期一年的游学。夏季学期繁忙紧张得远远超出我的想象。在为课程忙得焦头烂额的同时，每每夜深人静，另一块大石又沉沉压在心上——妈妈不在身边，5岁的小猪在国内过得好不好?

挡不住母女连心的思念，看着小猪的相片，妈妈的心中常常闪出琦念——要是我的小猪也能在加拿大读书，那该多好……

五岁小猪也能留学啦!

国际留学生办公室（International Students Office; ISO）的老师Anna是我的指路明灯。Anna是位一岁孩子的妈妈，她了解了我的情况后，对我的处境很是同情。

“留学生也可以申请孩子来加拿大读书，但具体情况需要咨询English Montreal School Board（EMSB，蒙特利尔英语教委），”Anna告诉我。她鼓励我尝试着把小猪申请到加拿大。“一些国际留学生带着孩子一起读书，这在加拿大其实很正常。”

Anna这番话不啻暗夜中的一道闪电，让我看到了希望。夏季课程快要结束的时候，我马不停蹄赶到位于Fielding的EMSB一探究竟。

EMSB到底是何方神圣? 与EMSB正面接触之前，我特意上网查找了EMSB

的相关资料。

原来，身处魁北克省这个加拿大法语、英语双语并存的特殊省份，蒙特利尔分管教育的政府部门也因双语体系，分支为英语教委和法语教委两个系统。为了保持法语的地位，大部分的魁北克省居民，包括获得居民身份的移民，按照魁省的法律规定，必须接受法语教育，就读法语学校。但是，国际人士或者父母的母语是英语的人士，则可以为子女选择英语学校或者双语学校。对于留学生来说，他们的身份归属于“国际人士”，因此可以为孩子选择英语学校或者双语学校。

蒙特利尔有两家公立英语教委。其中，EMSB是蒙特利尔，以及魁北克省最大的英语教委。它在1998年7月由几家教育部门合并而成，最终形成了我今日看到的囊括40家小学，17家中学，11家成人和职业教育中心的大体系。按照EMSB的官方口径，整个蒙特利尔就读于EMSB体系内的学生多达3.5万人。

另一家莱斯特•比•皮尔逊英语教委（Lester B.Pearson School Board；LBPSB）成立于1888年，规模仅次于EMSB。教委以加拿大一位前总理莱斯特•比•皮尔逊的名字命名，下辖学生约3万名。

两家英语教委到底有什么不同？这个问题看上去太专业，周围的朋友没能解答我的疑惑。但是，不管怎么样，一切都要等到EMSB走一遭才有眉目。

与EMSB正面遭遇

带着对EMSB模糊的认识，一个阳光明媚的夏日，怀揣着母女异国相聚的憧憬，我站在了EMSB的门外。

伫立在Cote St. Luc路街角的EMSB，甫一望过去，像极了当年我读书时，学校周末放电影的老旧礼堂。在蒙特利尔这座崇尚老建筑的城市，EMSB的老巢是这样一座老旧的建筑并不出乎我的意料。然而，EMSB的不事张扬还是吓到了我。找遍了这个灰土土的大家伙，我无论如何也无法发现EMSB的星点标志，甚至连门牌都不知道藏在哪个角落。

"这就是传说中的EMSB？"推开沉重的老式木门，初到这座城市的我心中仍觉惴惴——难道这就是统管蒙特利尔幼教、中小学教育，以及成人教育、职业教育半壁江山的最高行政部门？和前台接待人员确认地址无误后，我终于释然。

与EMSB的初次见面如此粗糙，颠覆了加拿大政府部门在我心中应有的"高大光辉"印象。

拿着号码牌，来到长廊拐角尽头的一个房间，一位棕色头发的干练女士接待了我。

"留学生已经拿到魁北克省的study permit（学习许可）和CAQ，所以留学生的孩子也可以在蒙特利尔读书，不需要再另外申请study permit和CAQ。"棕发女士三言两语，打消了久积在我心中的疑虑。

"孩子到达蒙特利尔后，EMSB会根据住址为孩子选择最近的学校。"棕发女士说着拿起桌上的便笺纸，径直将我需要准备的材料一一列明——孩子出生公证及翻译件，加拿大海关证明（签证），妈妈的study permit和CAQ……

"需要提前多长时间申请？"按照我的"中国经验"，学位肯定是稀缺资源。小猪山长水远地跑到加拿大，万一会无书可读怎么办？"不需要提前申请啊"，棕发女士似乎感到我的问题很奇怪，抬头看着我，"只要

关于EMSB（English Montreal School Board）

网址：http://www.emsb.qc.ca/

地址：6000 Fielding avenue，Montreal （QC） H3X 1T4

Study permit

加拿大Study permit是指以学生身份可以在加拿大境内居住的文件证明，上面有你所就读的学校、专业，及所能留加学习的时间等相关信息。如果Study permit到期了，就必须离开加拿大，或进行续签。否则你就是非法逗留了。

申请，就会批复的”。

……

十分钟后，当我再度站在EMSB的门口，手握黄色便笺纸，心中仍觉诧异。程序怎么会如此简单？速度如此之快？些微的不真实涌动在心头。

夏日的阳光透过翠绿的树荫暖洋洋地洒下来，投射一地斑驳的荫。需要消化，我心想。但是，好吧，Anyway，我有预感，和小猪异国相聚，娘俩游学的梦想也许并不遥远。

看不到“标志”的EMSB。

站在皇家山，鸟瞰蒙特利尔。

CAQ

留学加拿大时，魁北克省和其他省的留学办理程序有所不同，申请该省学校的学生在申请学生签证时，CAQ是签证材料必不可少的一部分。CAQ（全称是Québec Acceptance Certificate）是魁北克省移民局签发的，学生在拿到学校的录取通知书后需要向该机构提交指定的申请材料才能拿到这个入境许可。

蒙特利尔——北美小巴黎

蒙特利尔（City of Montreal），又译满地可、蒙特娄，位于魁北克省南部，人口约372万，是加拿大第二大城市。主要使用法语，在法语世界里的地位是仅次于巴黎的第二大城市，有“小巴黎”的美称，也是世界最大的双语城市。

校园里的托儿所

留学生办公室的老师Anna曾对我说，留学生带着孩子一起读书在加拿大很寻常。一个学期过去，我仔细了解发现，这种情况在加拿大高校中真是不少见。“student parents”（父母学生或家长学生）是称呼这个族群的专业术语。学校为支持这样的“爸爸妈妈”学生，还会为他/她们提供特别的帮助。

为留学生子女服务的托儿所

在刚刚抵达康考迪亚大学，收到学校的研究生手册电子版时，我特别查阅了学校关于“child”（孩子）的一系列专门介绍。

学校在两个校区（Downtown的SGW校区和Loyola校区）都提供了孩子照顾中心（Child Care Center）。每个中心都可以为“爸爸妈妈”学生提供照顾孩子的地方，甚至还会有拿到早教资格的学生在那里提供帮助。不过，每个中心能招收的学生对象略有不同。如SGW校区的照顾中心只接受18个月到5岁的孩子。而Loyola校区的照顾中心则可以接受3个月到5岁的孩子。

校园中的这种孩子照顾中心类似于加拿大的托儿所（Daycare），也就是中国的幼儿园。总体来说，蒙特利尔的公立幼儿园向本国居民的收费是每天7刀，但因为供不应求，很多小孩需要排队等待上这种公立幼儿园。在这种大背景下，校园里的孩子照顾中心也是地道的“香饽饽”——因为地方不够大，位置有限，只能先到先得。

从埃及来的Mustafar的爸爸在康大读工程系的博士。想着读博士非朝夕可蹴，想着日后或能留在加拿大，妈妈带着大大小小三个孩子的强大阵容前来“陪读”。最小的弟弟只有3岁，正是上Daycare的年龄，可是Mustafar的爸爸到学校一打听，孩子照顾中心今年的名额已经满了，就连“等候单”（Waiting List）的名额都没有了，只得作罢，另觅他处。

康大针对留学生子女的托儿所服务并非个案，其他高校据说也有针对留学生子女的类似服务。小猪因为年龄超过5岁，已经不能再享受这种服务。但不管怎么说，学校这样的设置实实在在帮助了不少异国求学，而又对孩子魂牵梦绕的“爸爸妈妈”学生，让他们在孤独的异国求学路上多了丝丝安慰。

CUSP和家长学生

在康大，除了孩子照顾中心，CUSP是另一个令我没有想到的机构。CUSP全称Concordia University Student Parent Center（康考迪亚家长学生中心）。

这个中心致力于为校园里，像我这样有儿有女的家长学生们服务。这个中心会在周末或平时特定时间，为孩子提供看护，好供家长学生有时间完成自己的工作、学习。周末，CUSP常常会邀请学生带着孩子一起参加他们举行的各类活动，如Cook out（大食会），或者针对孩子的Painting（画画），Science workshop（科学小试验），Animal Yoga（动物瑜伽）等。CUSP还组织一些户外亲子活动，如参观博物馆，看电影、摘苹果等。

小猪来到加拿大后，CUSP为小猪在加拿大的这段日子留下了很多美好的回忆。其中的Cook out是小猪的至爱，小猪几乎每期都要求报名参加。

CUSP和孩子照顾中心，只是加拿大针对家长留学生提供的便利设施中的一部分。按照加拿大法律规定，如果留学生的子女年龄在18周岁以下，在加拿大居住满一年半，且留学生本人上年有过退税，那么孩子也可以享受“牛奶金”。

CUSP 常常举办各种Cook-out（大食会），请来自各个国家的留学生爸爸妈妈带着孩子一起烹饪家乡美食。
大食会让忙碌于学业的“爸爸妈妈”找到难得的闲暇。

尽管加拿大政府以及大学对留学生申请控制得非常严格，可如果你能拿到Offer，政府为留学生种种人性化、设身处地的考虑，的确让人心存感动，印象深刻。

留学生在加拿大的税收问题可参考：
http://ww.cra-arc.gc.ca/

CUSP 不定期举办各类亲子活动，
小猪在这里总能遇上玩伴。

小猪拿到签证

在确认小猪也能到加拿大读书后，9月份小猪和爸爸的签证也顺利下来，妈妈再次造访了EMSB。这次的主要目的是了解按照目前住址，小猪到底可以在哪一家学校上学。

三选一

棕发女士再次接待了我。“三家学校离你家比较近，两家英语学校，一家双语学校，你可以任选一家”，棕发女士在电脑中一番搜索后，主动帮我打印出一张清单，并提醒我学校会有校车（school bus）接送孩子上学。

再一次，我的“中国经验”失灵了。按照我原来的构想，小猪会被直接指派到我家附近的一所学校，可没想到，竟然有三个备选项供我们选择。

选择太多也是痛苦，我陷入了“甜蜜的痛苦”，有些不适应突如其来的太多“选择”。不过，择优却是必须的。

首先是双语学校和英语学校的选择。棕发女士解释说，双语学校是英语和法语通行，孩子在学校要学习、使用两种语言，这两种语言课程的设置也基本上一半一半；英语学校则以英语为主，但法语是第二语言。

双语学校可以同时学习两种语言，这个看上去的确诱人。不过，刚刚来到一个陌生国家，生活环境和语言统统需要重新适应，这对小猪已经算是不小的挑战。同时又要接受两门语言，会不会令5岁的小孩一夕之间承受太多?

思前想后，和猪爸爸商量后决定，还是为小猪选择了英语学校。后来，我们发现，身在魁北克省，即便是在英语学校，你也无法逃脱法语的学习——小猪的法语老师每天都会为孩子们上一节法语课。

就这样，小猪的学校锁定了两家英语学校——伊丽莎白·布兰坦小学（Elizabeth Ballantyne School）和爱丁堡小学（Edinburgh Elementary School）。

英语！英语！

和我同住一栋楼的6岁的开心一家是从北京来到蒙特利尔的中国移民。开心妈妈知道小猪能上英语学校后很为小猪高兴，因为按照魁北克省的法律，身为“居民”的开心只能选择法语学校。开心妈妈说，蒙特利尔的中国移民普遍重视孩子的英语和中文学习。国内的孩子忙着补习英语，而蒙特利尔的中国孩子则基本没人落过英文补习班和中文补习班。

翻看蒙特利尔的华文报纸，大大小小的培训班招生中，英语和中文成了各个补习班的“例牌菜”。一些机构还推出“孔子学校”，专门为华人孩子补习国学。

“可能的话，不少中国移民在选择小学时会特别看重学校的英语学习”，开心妈妈说。如Ecole Notre-Dame-De-Grce，就是当地华人所说的“NDG小学”。这所小学的优势是英语学习：1年级到5年级每星期只是一节英语课，到6年级时就会加强英语学习。6年级中的一个学期全部是英语教学，另外一个学期则是法语教学。因为学校重视英语学习，想送孩子去那里上学的家长实在太多，以至学校的片区划分范围过几年就变一次，甚至越变越小，这也导致它附近的房租涨价不少。

事实上，蒙特利尔的英语学校和法语学校不仅授课语言不同，内部的架构设置也有很大不同。以5岁的孩子为例，在法语学校，语言能力达标的话，可以入读小学；语言能力不合格的话则要就读欢迎班，再转升小学；而在英语学校，同龄的孩子则直接划入了小学里的幼儿园（Kinder garden），6岁才算真正意义地上小学。

魁北克独特的教育体系

总体上来说，魁北克的教育年级划分和国内区别比较大，甚至魁北克和加拿大其他省份也有区别。

很多家长表示，从孩子出生甚至出生之前就要考虑托儿所（daycare）和上学问题。托儿所接受的最小的小孩可以从3个月大的婴儿开始，由于产假在魁北克大概10个月，所以不少家长在孩子9个月大的时候就把他们送到托儿所。学前班（preschool）从3岁开始，一般2年。幼儿园（Kinder garten，法语maternelle）从5岁开始，为期1年。

在魁北克教育系统中，儿童的学龄教育从5岁开始，但是强制教育从6岁开始。小学（Elementary school，法语 é cole primaire）一般从6岁开始，分成三个阶段Cycle I（一年级和二年级），Cycle II（三年级和四年级）和Cycle III（五年级和六年级）。

中学（secondary school法语 é cole secondaire），一共5年，成为Secondary I到V（简称Sec I-V），或称7年级到11年级。其中7年级和8年级称为初中（Junior high school），9年级至11年级称为高中（Senior high school），毕业后拿到魁北克政府的高中毕业证书。

小猪入学（一）

盼望着，盼望着，小猪和爸爸的行程终于敲定。9月29日，当猪爸爸和小猪推着大大的行李箱出现在蒙特利尔特鲁多国际机场的时候，正是当地时间的周日一大早。尽管早前一周，蒙特利尔刚刚经历了一次不小的降温，可这一天的天气却是好极了。

来不及欣赏这个城市的美景，心急兼爱女心切的猪爸爸发话了：咱们明天就带小猪去学校转转？要是不能在加拿大读书，我还带她回国！（猪爸爸后来承认，他当时的阴暗心理是：小猪最好不能成功在加拿大读书，这样就可以名正言顺带着小猪打道回国。）

“二选一”

按照妈妈之前所做的工作，小猪的学校主要是“二选一”：伊丽莎白·布兰坦小学（Elizabeth Ballantyne School）和爱丁堡小学（Edinburgh Elementary School）。就这样，趁着小猪呼呼大睡，大人们赶紧埋头苦干，为第二天要去的两家学校“做功课”。

从Google地图上查到的信息显示，两家学校离我们的住址都很近，且楼下都有直达公交车。坐车到伊丽莎白·布兰坦小学需要5分钟，步行需要15分钟；爱丁堡小学相对略远，坐车需要7分钟，走路需要18分钟。

从学校网站上查到的情况看，两家学校的硬件设施相差不大，教室配有手提电脑、无线接入，以及Smart boards（电子白板）。

在我的认知中，这样的条件在蒙特利尔应该不算差了。夏季学期时，我和同学在做一个关于蒙特利尔公立学校和私立学校利弊采访的时候，曾经访问过一位从公立学校转到私立学校任教的老师Eric。Eric直言，蒙特利尔不少公立学校观念陈腐，学校甚至连无线接入都没有。他认为，一定程度上是学校里的“老人”作怪，不愿意接受新生事物。

这个访问完成不久，我就注意到当地的报纸Gazette上登出一则新闻，称莱斯特·比·皮尔逊教委（LBPSB）计划耗时6—8个月，投入140万加币在59所学校安装Wi-Fi。这包括在所有的中小学建立2000个无线网络接入点，好让每间教室都能接收到Wi-Fi信号。这据说也是LBPSB过去15年以来最大的一次技术革新。

所以，综合外部环境，两家学校的硬件应该都还OK。至于兴趣班方面，不看不知道，原来，和国内的学校一样，蒙特利尔的小学也开设了不少课外培训班。比如，眼下的这两家小学就开设了包括地理、数学、国际象棋、乐器（小提琴等）、壁球、足球、曲棍球、拼写、戏剧等各种兴趣班。

寻找“差异”

没有比较就没有伤害。但是，比较来比较去，真正感到伤害的是两个大人了——两家学校看上去实在相差不太多，杀掉大把脑细胞也很难做出决断。无法，只能“差异求存”。

从硬件设施上看，伊丽莎白·布兰坦小学的历史更悠久。学校网站上的介绍显示：按照D·沃臣所著的《西蒙特利尔图片史》介绍，1921年，教育委员会以每平方英尺（1平方英尺≈0.0929平方米）45加分的价格，在Northview街购买了一块地，用于建造学校。1922年3月，学校完工，首期校园包括8个教室。学校因一位女士被而被命名为“伊丽莎白·布兰坦”。这位女士的全名是“伊丽莎白·高登·华特·布兰坦”，她曾在清教徒教育委员会执教三十年，也是市长詹姆士·布兰坦的姐姐。

对于“伊丽莎白·高登·华特·布兰坦”其人，我可是完全找不着北。不过，按照我对蒙特利尔粗浅的认识，这座城市爱极了传统。城市里处处可见上百年的老建筑，仍然被完好地使用。土生土长的当地居民买房子普遍偏好“老房子”，如果谁家的房子有百年历史，哪怕只是一块百年历史的彩色玻璃，那绝对是主人最值得荣耀的事情。比如小猪的同学Hugo家楼梯拐角处就有这样一块百年老玻璃，Hugo的爸爸专门指点给我们看，神情相当得意呢！

这种氛围中，我想学校郑重其事地将自己的“历史”广而告之，显见这应该是件“脸上贴金”的事情。

另外引起我注意的是，西蒙特利尔儿童图书馆就设在伊丽莎白·布兰坦小学。不论在国内还是国外，我始终认为，如果孩子有书相伴，性情绝不会差到哪里。小时候如果能养成读书的好习惯，无疑会受用终身。

就这样，我和猪爸爸感情上都有点偏向了伊丽莎白·布兰坦小学。不过，看看爱丁堡小学，两个人还是有点儿举棋不定——这家学校的建筑看来更现代，活动的场地似乎更大点；学校的校服规定也更为严格，似乎显示学校管理更严谨……

A还是B? Elizabeth Ballantyne School还是Edinburgh Elementary School? 摇摆不定中，两个大人都期待着第二天的亲身到访了。

小猪入学（二）

就这样，可怜还没来得及倒过时差的小猪，长途跋涉十几个小时，到达蒙特利尔后的第一站便直奔主题。为了熟悉路线，这天一大早，一家三口沐浴着蒙特利尔秋日的阳光，向Northview 街步行进发。

平易近人的校长

Northview 街上是距离我们住址最近的Elizabeth Ballantyne School。看惯了国内大大小小学校宏伟的大门，站在伊丽莎白·布兰坦学校门前的我们仨都有点儿不太适应。看门牌，再加上门口的EMSB的标志，应该是这里没错了。可学校的两扇木门风格实在太过“居家”兼“小气”，整栋建筑怎么看都有点儿像居民楼。

“这就是学校大门？！”猪爸爸将信将疑地推开木门，迎面而来是第二道木门。摁响门铃后，木门打开，我们来到了学校办公室。

说明来意后，办公室秘书Debora回答了我们关心的几个问题，并告诉我们，小猪不需要等待，第二天就可以入学。这实在是个好消息，原本以为小猪到加拿大后，需要休息一段时间才有书读的我们，都觉得出乎意料的欣喜。

正说着，校长Nick走进来。

听说小猪是准备入学的新生，Nick热情地把我们请进了他的办公室。

看似民宅的伊丽莎白·布兰坦小学。

Nick的校长办公室实在不大，除了办公桌，书柜和两张客人的椅子，就没有多余的地方了。Nick热情而又很自豪地向我们介绍了学校的很多设施，并提醒我们，最好能当天就到EMSB办好小猪入学的各项手续，因为这一天正是蒙特利尔小学秋季入学的最后一天。小猪如果在这一天之后入学，手续将会复杂不少。

从伊丽莎白·布兰坦小学出来，猪爸爸和我都有点犯愁。第二家学校还没考察呢，可第一家学校好像已经诚意十足地等着小猪入学了呢。想来想去，学校给我们的印象实在不错，学校离住地也最近，我和猪爸爸当机立断，就为小猪选择这家学校了。

在EMSB十分钟获批

三个人立马起程前往EMSB，赶搭末班车。

这是我第三次来到EMSB。熟门熟路地找到了先前的棕发女士，递上准备好的材料，并告诉她我们选择了伊丽莎白·布兰坦小学。

“不错的学校！”棕发女士显然对各个小学的架构和人员非常熟悉，

她拨通了伊丽莎白·布兰坦小学的电话，在电话里和办公室秘书Debora进行确认，随后拿出一叠表格让我们填写……

随着几声“砰”“砰”的盖戳声，小猪的入学申请获批了。原来还担心会出什么状况的我，终于松了一口气。大约10分钟后，大大小小三个人已经走出了EMSB的大门。猪爸爸还兀自愣神儿——“这么快？！”

拿着EMSB的审批，简单吃完午饭，三个人再次杀回伊丽莎白·布兰坦小学。

填写表格，确认教室、午餐、校巴……一系列手续办完，小猪正式入学了。让我们大跌眼镜的是，小猪全年的学费竟然只有295刀，合计人民币约1770元。要知道，小猪以前在国内上的幼儿园普通班每月收费1400元左右，全英班每月收费2800元左右。加拿大幼儿园一年的学费竟然只相当于甚至不如国内幼儿园一个月的收费，这大大超出了我们的意料。

除了EMSB的标志外，学校的大门是不事张扬的普通木门。

学校旁边有一个绿树掩映的大公园。孩子们的体育课也时常在这里举行。

小学含金差别不大

因为要给小猪挑选一家最优化的学校，因为在国内已经被烙上深深的“学位”概念，我对加拿大的“好小学”与“坏小学”怀有强烈的好奇心。

加拿大小学到底有没有优劣之分呢？网上一番自我研习，兼向不少当地家长进行草根调研后，我发现，在蒙特利尔，小学之间的差异并不大。

小学老师互相轮换

和中学一样，蒙特利尔的小学也有公立小学和私立小学之分，但大部分家长还是会为孩子选择公立小学。据说就连富人区West Mount的不少家庭也选择送孩子去读公立的英文小学。

为什么会这样呢？据我理解，一来，蒙特利尔有名的私立学校基本都是大学和中学，私立小学没有优势，且学费高达3000-20000刀/年，价格不菲。二来，蒙特利尔的小学不像中学，政府没有排名榜，家长们普遍对小学的了解比较模糊；此外，加拿大包括蒙特利尔的小学以“玩”为主，很多家长认为，在这一阶段还没有择校的必要。

不过，我个人认为，家长不会疯狂择校的更重要的原因是：公立学校的老师在各个学校之间轮流。

老师在一家学校执教一段时间后，过段时间可能又会流动到另一家学校。这带来的直接结果是各个学校之间的老师水平比较平均，公立小学的素质普遍都比较高，家长也就无须追逐所谓的“名校”“名师”。

以小猪后来入读的学校为例，小猪的班主任老师Ms. Cher在小猪入学以前，就是流动到其他学校，而后又返回原来这家学校的。后来在我们离开加拿大以后，小猪的朋友发邮件告诉我们，Ms. Cher又流动到了其他的学校。

甚至连校长也在不断流动。小猪注册时接待我们的是白人校长Nick，可到了下学期，校长已经换成了另一位黑人“实习校长”——Otis L. Delaney。

蒙特利尔公立小学之间的老师轮换让我想起日本的老师轮流制。日本的老师在选择职业之前就必须接受这种职业的“流动”：教师3至6年一轮换，校长3至4年一轮换，年轻教师先从边远地区开始工作，再逐渐靠近城区。这种轮岗流动很大程度减少了师资力量的校际差别，保证了教学资源的平均和学生受教育权利的平等。我想，这可能是日本教育资源均衡在全世界获得公认的重要原因。

小学各有侧重

不过，可怜天下父母心，家长就是家长，尤其是中国家长。尽管总体上，蒙特利尔的小学质素相差不大，但也有家长在为孩子选择小学时有各种各样、五花八门的侧重。

不少人会注重考察生源，比如学校中白人孩子、黑人孩子的比重多大。有些家长甚至会考察学校所处“区”的富有程度。由于加拿大各项统计数据比较公开，在《加拿大统计》（*Canada Statistic*）上，你可以查到很多你想要的数据。有些人会查“Montreal各区平均家庭收入”。他们的观点是：蒙特利尔没有小学的排名，那么看小学，就要看那个区怎么样；好的学区学校自然也差不了。平均收入高的区，小学绝不会差到哪里去，因为蒙特利尔各个公立学校的运行经费是来自所在区的物业税——school tax。换言之，学校所在的区富裕，物业贵，收的税便多，学校设施和招到的老师自然就好；同时，居民平均素质也会相对高一些。

修女岛上的École Primaire Île-des-Soeurs（修女岛小学）是不少人追捧的热门小学，号称全蒙特利尔最大的“贵族小学”。1985年才开始开发的修女岛，是蒙特利尔岛的姐妹岛。这里的房价号称蒙特利尔单区房价最贵，甚至超过皇家山的风水宝地，是年轻新贵和金领、白领出没的地方。官方买房记录显示，此地居民包括相当比例的医生、律师、艺术家，以及意大利个体户。修女岛甚至对租客都有严格规定，对租房人的犯罪记录以及信用记录有很高的要求。修女岛小学招收的基本是岛上的孩子，以白人居多，族群比较单一，吸引了不少“孟母择邻”的家长。

也有不少人会考虑学校对英语学习的侧重。对只能送孩子读法语的移民家庭来说，这一点的吸引尤其大。如上文提到的“NDG小学”，再如所谓的“国际小学”（Ecole Primaire International De Montréal）。据说，国际小学的教材理论上是“国际通用”，学校不仅注重英语，而且在小学高年级时还开始西班牙语课程。因为小学毕业后可以直升国际中学，因此小学的入学考试竞争颇激烈，孩子不仅需要住在规定的片区，还必须参加考试。就连报名费行情也是看涨，从以前的50刀一路涨到了60刀。

另外一些学校的兴趣班也会吸引不少家长，如F.A.C.E Elementary School。这个学校以音乐著称，孩子读完6年，就可以熟练掌握一门或两门乐器。据说，当年需要排队报名的时候，曾经出现过家长提前一天去排队的壮观景象。不过后来，这家学校的报名已经改成抽签，每年都吸引着不少家长去试试运气。

甚至有人会考查“厕所”这种细节性的设施。据说，有家长当年为孩子选择daycare时，就专门考查厕所，认为学校如果对孩子的这种细节都能关注到位，一定程度上也可反映学校对孩子的关注。总之还是那句话，可怜天下父母心。

Chapter 2
不那么一样的
加拿大小学

11个人的小班、每天早晨的“晨讯”，甚至只是最普通的着装和用餐…… 加拿大的小学确实有那么一点儿超出我的想象……

第一天坐校车

尽管Nick和Debora都告诉我们，小猪第二天就可以上学，但考虑到小猪刚刚来到加拿大，多少需要适应，我们决定，一周后再正式送小猪上学。

小猪和妈妈居住的7400。

黄色校巴成为小猪上学的通勤工具。
从此以后，每天清晨，小猪和妈妈的身影就风雨无阻地出现在7400楼下。

一周转眼即逝，当又一个周一来到时，小猪开始了她的异国游学。

开学第一天，爸爸妈妈本来打算亲自送小猪到学校；不过，猪爸爸考虑再三，觉得小猪始终要独自坐校车，不如一早锻炼，从第一天就开始自己坐校车上学。

一周没有小伙伴的小猪已经有点闷得慌了。想到今天会有很多小朋友一起玩，不禁很是兴奋。早上7点30分，一向赖床的小猪一骨碌从床上爬起来，嚷着要吃早餐。8点30分，一家三口准时来到楼下等校车。

大街上陆陆续续驶过三四辆黄色“长鼻子”校车，车厢上都顶着明显的“Ecoliers”标志。“Ecoliers”是法语“校车”的意思，这里的校车除了车身基本都被涂成黄色以外，“Ecoliers”就是最明显的标志了。8点40左右，一辆黄色“长鼻子”校车拐了一个弯向我们开过来。

按照Debora早前的指示，小猪的早班校车编号是“506”。妈妈迅速在车身上找到了“506”的标志。是了，这正是小猪要乘坐的那班校车！

开车的黑人大哥酷酷地停下来，目光投向站在路边的我们仨。车上各种肤色的小同学已经坐满了大半车，好奇地透过车窗看着我们。

“请问这是到Elizabeth Ballantyne的校车吗？”妈妈再次确认，得到肯定答复后，小猪忙不迭地背着大大的书包噔噔噔爬上了校车，回头冲我们笑笑，招了招手。之前从学校了解到的情况是，这一站目前还只有小猪一位“乘客”。校车没做停留，闪着黄灯，带着小猪慢慢开走了。

10月的蒙特利尔还处在一年中最好的季节。夏季绿油油的叶子慢慢被染成红红黄黄的漂亮色彩。太阳，这时已经升得老高，带着明媚的阳光，穿过云彩洒在油画般斑斓的大大小小的树上。

小猪上学去了，不过爸爸和妈妈心里却沉甸甸地坠着块大石头——第一天上学，小猪能不能自己找到教室？能不能听懂老师和小朋友的话？能不能找到洗手间？有问题能不能自己表达出来？……

“She arrives fine and well.（她已平安到校）”8点58分，小猪的班主任老师Ms. Cher给我们发来短信，总算给心绪不宁的大人们吃了颗定心丸。可是，接踵而来的是新的担忧——放学怎么办？小猪会不会找不到回家的校车？……

在大人们的忐忑中，5岁的小猪在蒙特利尔读书的日子正式开始了。

“彩虹”校园

小猪上学后，她口中的“校园生活”以及别的小朋友和家长的转述，让我渐渐对加拿大的小学有了一个粗浅的认识。和国内小学一样，加拿大的小学“讲究”也挺不少，不过“讲究”的方面却大有不同。

矮矮的小学校舍

还记得首次造访伊丽莎白·布兰坦小学的时候，那栋神似“居民楼”的校舍让我们吃惊不小，不过，一番了解下来，这样的情况在加拿大比比皆是。加拿大的公立小学大多设在居民区，与社区融为一体，学生按照学校所属的区，就近入学。不少学校没有正规的围墙，更没有气势恢宏的校门。

但是，学校的安全令家长感到十分放心。首先教育部门对校舍的高度有专门规定，比如小猪所在的学校就只有三层楼。有些地方，如安大略省还规定，小学校舍不能超过两层楼，以方便师生抗灾逃生。

除了校舍楼高，教育部门对小学的走廊、楼梯宽度以及出口也都有严格要求。一般来说，小学校舍都有几个出口。上课期间，几个出口都被反锁，可出不可进。外人进入学校，必须首先到办公室登记。比如小猪所在的伊丽莎白·布兰坦小学，家长摁响门铃后，必须到办公室登记，然后领到一张“Pass”，这才能到班上找老师。

第一次正式参观学校，小猪一定要拉妈妈看看她最爱的体育馆（gym）。

每天各个班会把当天的出勤表交到办公室。学生生病或者有事不能上学的时候，家长必须在早上上课前打电话到学校办公室请假。要不然，办公室一发现有缺勤学生，就得赶紧打电话给学生父母，以便确认学生是否在上学路上发生意外。

“彩虹”校园

加拿大的小学外观看来虽然灰灰旧旧的不起眼儿，但走进学校，你立刻会被各种充满童趣的装饰和布置吸引，仿如走进童话世界。墙壁上是各色各样的手绘画和孩子们的手工作品。朴素简单的陈列柜里，主角是孩子们制作的各种稀奇古怪的小玩意、小创意，哪怕只是一块看不出形状的陶泥和一个歪歪扭扭的小凳子。

老师们显然不用担心找不到装饰的灵感。因为孩子们总在不停地创作新的作品，因此，每隔一段时间，当你走进学校都会感到眼前一亮，搜寻到各种各样的崭新发现。

拜读过台湾色彩心理学家金韵蓉的《幸福有七种颜色》，我对孩子的色彩运用一直比较留心。按照金韵蓉的说法，红色代表热情、行动力，但也会思虑不周、过于乐观；橙色代表温暖、富足，能放大人的直觉力量；黄色，代表开朗、风趣，也是抗忧郁的颜色；但在人不开心时也会让人尖酸刻薄；绿色是全面平衡的颜色，有利于性格的平衡和心灵的平和；蓝色代表思考，同时也代表忧郁……

走进加拿大的小学，我格外留心了这里的色彩搭配。

柔和、浅淡的暖色调被涂成大面积的基色，各种明亮抓人的跳跃色蹦出来抓住你的眼球。不论是走廊、教室、图书馆，抑或是Gym（体育馆），深深浅浅的颜色溢满你的眼睛，可偏偏浓浓淡淡得那样和谐，不给你眼花缭乱的机会。

在我的印象中，国内设施较好的幼儿园和早教中心，已经十分重视色彩对孩子的心理暗示。

不过，到了小学，小学校园更多给人整齐划一的感觉，个性化的“五颜六色”多是点缀。是不是因为国内小学每个班四五十个孩子，老师更强调孩子遵规守矩呢？我没有发言权。但是，我相信，色彩对于孩子心理的影响、暗示是一个润物细无声的长期过程。

Room 5
(5班)

"

小猪上学后，“Room 5”开始频繁地出现在她的口中。对应中国的惯常说法，“Room 5”类似于中国的“5班”。

小学里的K年级

按照EMSB的划分，5岁的小猪所在年级属于小学的“K”年级（K是Kinder garden的简称）。

“Kinder garden”的字面意思是“幼儿园”，不过，看上去蒙特利尔英语学校的“幼儿园”与国内的“幼儿园”并不相同。

区别首先在年龄。按照EMSB的规定，5岁以下的孩子只能去托儿所（daycare）；5岁以上而又不满6岁的孩子必须进Kinder garden；到了6岁，孩子就可以上小学一年级了。

Kinder garden，在我看来，更像是中国的“学前班”。孩子们和其他高年级的哥哥姐姐一起进行课间活动、一起参加学校的大会和各种节目，只除了一样，Kinder garden 教室里设有独立的洗手间。

虽然算是小学的预科，但在Kinder garden这一年级，老师们并不太注重孩子们的知识教育。上学期整个学期，小猪的全部核心工作可以概之以一个字——“玩”。到了下学期，老师开始每周为孩子们布置家庭作业——学会1—10以内的简单加法。但是，老师强调，家庭作业的目的更重要的是为了让孩子开始形成学习的好习惯。

也因为这样，到整个Kinder garden结束的时候，一些孩子连“5+5=10”“10—4=6”这样的简单运算还不会做。

Room 5（5班）

小猪开始上学的时候，给我印象最深的是——“小班”。班上只有10位小同学，一个多月后，又有一位小同学插班进来，全班的人数才增加到11个。

除了Room 5，伊丽莎白·布兰坦小学的K年级还有另一个班——Room 19。有一次，我和这个班上的一位妈妈聊起来才知道，原来在小猪入学以前，K年级只有一个班，人数接近20人。随着入学的孩子越来越多，学校很快就把原来的一个班一分为二了。和Room 5一样，Room 19也只有11个孩子。

不得不说，11个孩子一个班的规模实在不大。小猪在国内幼儿园就读的全英班（班上有一位驻班外教），班上有18个孩子，而隔壁普通班的孩子差不多达到40人。即便拿国内的所谓“全英班”参照，Room 5也实在是小。

实际上，不论是托儿所、Kinder garden还是小学，加拿大普遍采用“小班”。一个托儿所据说学生不能超过80人，每名老师看护的孩子数量也有明确规定，以保证每个孩子都能得到足够的关注。

小猪的老师

小猪在国内读全英班的时候，班上有两位中国老师和一位驻班外教。对比国内的全英班，只有11个人的Room 5师资也不算单薄。

小猪的班主任老师是位瘦瘦高高的白人女士——Ms. Cher。注册那一天，我和猪爸爸带着小猪参观教室，正看到顶着一头浅色短卷发的Ms. Cher坐在窗台上，给毯子上一班沐浴着阳光的小朋友们讲故事。

Room 5的孩子和实习老师Ms. Rachel在一起。

Ms. Cher基本上驻班在Room 5。除了午餐，孩子们大部分时间与Ms. Cher在一起。Ms. Cher有一位助手——一位黑人大婶。大婶只讲法语，小猪完全听不懂。不过，还好，黑人大婶并不驻班。

身在魁北克，即便在英语学校，法语的熏陶也概莫能免。因此，除了Ms. Cher，小猪每天还会见到她的法语老师——一位高高大大的黑人帅哥。法语老师兼任体育课，孩子们最爱的Gym（体育馆）体育活动就是由法语老师每天带领大家完成。所以，你懂的，超迷“Gym”的小猪很快将他拉入了“喜欢”名单。

Morning Message（晨讯）

“Morning Message”（晨讯）是小猪上学后学到的一个新词。“Morning Message”是个什么东东呀？小猪连说带比画地一通解释后，我终于明白，“Morning Message”相当于一天的日程安排。

小小孩的Morning Message

据小猪介绍，每天，小同学们乘校巴到达学校后，会有老师带领大家下车。第一站直奔操场，类似于国内幼儿园的“晨练”。“晨练”结束后，小同学各自排排队回到教室。这时候，班主任老师已经在班上候着了。第一件事就是向大家宣布“Morning Message”——首先准备干什么，接下来怎么安排，当天有什么要注意等。

“Morning Message”的内容很丰富，包括music，painting，gym，computer，story time（音乐、画画、体育、电脑、讲故事）……在小猪看来，每天的日程安排都不同，就好像每天都有一个“magic list”（魔法清单）。也正因为这样，小猪说，班上的小同学们对每天的“Morning Message”都充满期待。

“Do we have Gym today?”“Do we have play time today?”（今天有没有体育？有没有游戏时间？）——小猪说，她的很多小同学都喜欢Gym、Play time，常常是老师还没有宣布“Morning Message”，小同学们

已经抢着提问了。

大人的“教学计划”

小猪的“Morning Message”让我想到了开学前，我收到的各门课程的outline\agenda\schedule。虽然叫法不同，但统归是关于课程的一个大纲性的计划，姑且就叫“教学计划”吧。

从国内出发来到加拿大前一周，我的邮箱就开始陆陆续续塞满了这些“教学计划”。打开一看，饶是在国内一路从本科到研究生，“学生经验”丰富的我还是小小地吃了一惊——实在太过详尽，老师们把自己的私货全都亮出来了。

“教学计划”主要分三大块儿。首先，对课程内容、课程目标给出大略简介；其次，列出课程各种注意事项，如需要准备的一些学习工具或电子设备等；在这一部分，我发现，关于“Plagiarism”（剽窃）的处罚是不可或缺的一部分。最后一部分，也是“教学计划”最重要、含金量最大的部分，是一个细化的课程安排。课程安排细化到每一节课，当天的课程内容，主要知识点，甚至作业安排都包含其中。

这样一份有总有分、细致入微的教学计划，对学生的作用显而易见。在开课前，当你精读完这样一份计划表，你基本上已经可以对这门课程有一个大致的了解——课程以及作业的难易、大概的知识点、时间的安排等。

到加拿大之前，我就听不少朋友介绍说，加拿大学生选课的弹性很大，可以根据自己的喜好进行调整。拿到教学计划后，我这才明白，光有学校的选课制度其实并不管用。通过“教学计划”对课程粗浅但总体的认识，再加上，开学一个月内与任课老师的“零距离接触”，学生们才真正可以在这期间根据自己的兴趣、时间安排，对课程进行调整，如退课，改修等。

在我看来，小猪的“Morning Message”俨然是成人世界“outline”等“教学计划”的雏形。虽然孩子们都还只有五六岁，但学校和老师显然并没有拿他们当“小孩”，至少在思想上摆出了与他们平等交流的姿态。

“制度”的淫浸

从小学就已经开始的“Morning Message”以及后来的“教学计划”，某种程度上也许是西方社会“制度化”“量化”深入到社会每个毛孔的一个萌芽或缩影。

在日常的生活中，我发现，“计划”“安排”等与“制度”“量化”有关的东西淫浸于老外们的日常生活。比如，我的不少同学都是“schedule”（计划）控，超爱用各种颜色的涂色笔（marker）。不少同学，谈到日程安排，都会掏出自己的calendar（日历），上面密密麻麻、红红绿绿地列满了各项安排。新学期开始的时候，学生会免费赠送的“student book”（学生手册）也是个calendar，不仅列明了学校本学期的各项安排，还规规整整地划满了日期和格子，便于你做自己的个性化安排。

登录学校网站，“量化”的影子随处可见。你可以按日期索引检索到校园里正在举行和即将举行的各项活动；针对研究生的各个类型的讲座，也被按日期清清楚楚地列成了表格，让你一目了然……

“制度化”“量化”体现在老师的教学风格上也颇为有趣。有一次参加Talk Time（“口语会”）的时候，一位华人研究生说，他的导师也是位华人，每周至少与他见面三次，监督学习进度，并指导方向。此言一出，举座皆惊。因为，康考迪亚大部分是西人老师，他们更喜欢通过“quiz”（考试）这样的方法监督学生的学习进度。

比如，我曾经修过一门“Computer Assisted Media”（计算机辅助媒体），老师为了督促学生提前预习，每堂课前必有一个小quiz，内容针对那天要上的新课程的内容。我的另外一门课“Social Media Fundamental”（社交媒体基础），则基本上每三周一个quiz，检查学生对过去课程的掌握，这还不算期末的presentation。

有些白人老师对“制度”和“计划”控到了极致。我曾经碰到过一位阿拉伯来的工程系博士。他忧伤地告诉我，他的导师对他的课程“monitor”（监督）得非常厉害，要求他制订出每天，甚至每小时的学习计划。

南橘北枳的思考

不论是“Morning Message”，还是“教学计划”，都只是加拿大教育体制的一个小小片断。不过，这些不经意间接触到的小细节却让我对加拿大这样一个西方主流社会多了一层了解。

我想起，在国内时我曾遇到一家外资保险公司遭遇客户退保。客户坚称保险公司操作违规，并计划诉诸媒体和监管部门。外资公司的公关部门当然是紧急出动了，不过他们出动的重点是力图澄清自己操作的合规，提到客户的退保要求，却迟迟未有人愿意表态。

对于这种“危机公关”，我当时甚不理解。早前也有中资保险公司遭遇过类似个案。中资公司的做法是，老总拍板，先为客户退保，平息事件，再内部处理，并主动与媒体联系，通报事情的处理。明眼人都知道，在保险这个行业，即便客户退保真是“蓄意为之”，除非能拿到铁证如山，显然中资公司的做法对公司的创伤性更小，毕竟企业形象和客户信任更是个无价宝。

这种浅显的道理，我想外资公司也是心知肚明的。可为什么外资公司不能“弹性”处理？加拿大的所见所闻让我找到答案——“制度”使然。相较中资公司，外资公司制度普遍更为严谨，每个部门都像是流水线上的螺钉，环环相扣。“制度”在运转顺利的时候，好处自不必说。可一旦出现问题，缺点也显而易见——因为“各司其职”，所以每个部门就都不愿意站出来解决问题，毕竟站出来是需要背负责任的。但从化解危机的角度看，这对公司的伤害显然更大。

中资公司的“人治”带来过度的弹性化，造成太多内耗；外资公司的“制度化”又在处理危机时过于“一板一眼”，不能从大局出发，以致对公司整体构成伤害。国内，人们在引进“制度”的同时，常常强调“本土化”。而从“Mornging Message”和“教学计划”，我隐约看到外资公司“制度化”植根的土壤——在西方社会，不论是公司，还是公司的客户，他们从小便习惯于“量化”，生长于“制度”“计划”的土壤，所以即便对于“危机”，不论是甲方还是乙方，都习惯于接受另外一套处理的“制度”。

而一旦南橘北枳，想要应付成长于“人情世故”的中国客户，原来的危机制度难免会力有不逮了。

当然，这显然是个偏激的例子。除此之外，我再没有碰到过其他人有过这样极端的经历。但是和不少学生聊过之后，大家都发现，华裔老师对学生更喜欢“人治”，倾向于亲身监督学生的学习；相比之下，西方老师普遍更喜欢“量化”“制度化”，偏向通过“Quiz”“Presentation”“Paper”等来“度量”学生的学习成果，除非预约，平时想和他们打照面儿的机会却不多。

吃在校园（一）打包午餐

小猪上学后，午餐成了让我头痛的一件大事。不论对于老外妈妈还是华人妈妈来说，如何DIY花样翻新、营养搭配的午餐成了孩子步入学校生活后面临的首要挑战。

Snack+Lunch（点心+午餐）

小猪第一天上学回来，就对打包的午餐强烈抗议。一是因为，当天准备的午餐寿司，因为米的问题，到中午吃饭的时候已经不太成形；二是因为，没有“snack”（点心）。

看着小猪几乎没动的寿司散成一团“米粒+紫菜”，想到孩子大半天时间只吃了点水果和酸奶，我心里顿觉内疚。因为刚换了一包新米，米的黏度不够，实在没想到做寿司时会出现这种问题。不过，对于小猪说的“snack”，我可是惊到了。

“Snack？”我再次确认自己是否听错。在我的印象中，snack意味着饼干、糖果、薯片……诸如此类、林林总总的零食，是中国妈妈对小朋友大力封杀的“不健康食品”。小朋友带到学校的餐盒怎么可以包括这些“不健康食品”呢？

不过，我并没有听错，确实是“snack”。原来，加拿大的幼儿园包括小学，在午餐之前，上午10点多钟会有一个“snack time”（点心时间），类似于小猪以前在国内幼儿园下午时段的“下午茶”或“下午点心”。这个时间，小朋友们吃点自己带到学校的点心，然后由老师带出去活动，到12点左右，才是真正的“lunch time”（午餐时间）。

为小猪“pack lunch”（打包午餐），对于我这个初来乍到的中国妈妈来说，实在是个学习的过程。开始两周，因为带的东西有点杂，希望小猪能每样都吃点，可没想到却造成了孩子的混乱。小猪一次无意间告诉我，每次snack time的时候，她都会问班主任Ms. Cher哪个是snack（点心），哪个是lunch（午餐）。这时，我才明白，原来，snack和lunch是需要区分开来的。

叫妈妈头痛的午餐

不过，总体上来说，“snack+lunch”的带餐方式，让我深感不满。

一来，“snack time”是个叫人头痛的问题。尽管加拿大的校园也提倡带酸奶、水果等“健康snack”，不过，实际生活中，总免不了孩子会带来各式薯片和饼干。

在国内从未吃过薯片，也很少吃饼干的小猪，很快“近墨者黑”了。上学没两天，小猪便吵吵着要吃薯片、饼干。小家伙扬起小脑袋、拧着小

可以保温的午餐饭盒在孩子们的生活中利用率实在太高。

脖子、理直气壮地提出要求——“小朋友都有，我看着嘴就馋！”我又气又好笑，可想一想总不能让孩子在班上显得“格格不入”吧，只好怏怏地对小猪的零食解了禁。

后来，在我对加拿大有了更多了解后，便发现了这里有别于中国的“snack”文化。原来，加拿大的父母对孩子的snack管理相当松散，很多家长甚至认为，snack是孩子们的“福利”，孩子小的时候就应该有这样一段享受吃snack的时光，所以巧克力、薯片和糖果是孩子们司空见惯的零食。一些老外听说，小猪到加拿大以前从未吃过薯片，听说中国妈妈非常严格地限制孩子的零食，甚至感到很惊讶。

小猪的午餐也让我意见多多。考虑到安全问题，小猪的教室没有微波炉等加热工具，所以孩子们大多数吃的是冷餐。午餐的流行款式是热狗、汉堡、比萨、意粉等加酸奶或果汁等。也有小同学直接拿两块炸鸡当作午餐。想想小猪以前在幼儿园正正规规的“饭菜+汤”，当妈的我不禁心里直敲鼓——“这样的午餐营养好吗？”

但是，无法。一句话——入乡随俗！

吃在校园（二）午餐！午餐！

对午餐花样和营养的关注不只我一个，在Google上输入“lunch，kid”（午餐，孩子），我发现不论是华人还是老外，都为这事儿犯愁。而通过对身边朋友的了解，我发现更多关于pack lunch的故事以及经验。

各显神通

Cayla Hochberg有一个11岁的儿子和一个15岁的女儿。Cayla以前是全职家庭主妇，不过孩子大了便开始重返职场。为了让孩子吃好，她每周末都会与孩子一起到超市采购。“不要问他们‘你们喜欢吃什么’，而是问‘三个中间哪个是你们爱吃的？’”Cayla说，有时候，盲目迁就孩子的喜好倒不如让他们弄清楚自己的界限。

和中国妈妈相比，老外的烘烤水平高超，更擅长用烘烤制作一些健康的食品。比如snack，Cayla称，她不会禁止孩子吃饼干、薯片，但有时会自己动手制作一些健康的snack。比如，把甘蓝菜（Kale）加点油和盐巴，放入烤箱用350 F的温度烤5-7分钟，做出脆脆的叶子，小朋友当作零食吃，不知不觉便吸收了很多维生素C、A。有时候，还可以把番薯切条或椰菜花切粒（约爆谷大小），用同样的方法烘烤，做成健康又美味的小吃。同时，在挑选食物的时候，她也会注意尽量挑选一些健康食品，比如低盐的火腿和芝士。

相形之下，中国孩子更遗传了爹妈的一个“中国胃”。中国妈妈也更喜欢为孩子准备中式午餐，比如煎饺、炒面、炒饭、包子，或者干脆用保温杯装上各式的米粥、汤水、蒸肉饼甚至“米饭+菜”。还有心灵手巧的妈妈干脆中西合璧，比如把汉堡里的bacon（熏肉）换成了传统的卤牛肉等，令我大开眼界。

小猪所在的班上，除了她一个中国孩子，剩下的全是白皮肤或黑皮肤的孩子。上学后，小猪对同学们的西餐着实新奇了好一阵子。看到同学吃着比萨和热狗，便心痒难熬，回家嚷嚷着也要吃，真正吃过几回，便见异思迁；再过一段时间，又开始卷土重来。

娘儿俩就“lunch box”（午餐饭盒）翻来覆去商量了好多回，开始的时候，小猪的选择还是以中餐为主——瘦肉水+热狗，番茄蛋汤+米饭，各类蔬菜炒肉+饭，各类肉菜粥……偶尔穿插点煎饼、寿司或紫菜包饭、比萨等。可是，没过多久，小猪开始被同化，时常对比萨和热狗兴致盎然，吵着要换新花样。

后来回国后了，一年的熏陶下来，小猪的胃口已经相当西化，基本上每周都要求吃一次比萨或者意粉之类的西餐。每每这个时候，一旁陪吃的妈妈便相当痛苦纠结，总觉得那一餐索然寡味，甚是难耐！

被忽视的午餐

一句话，加拿大人的午餐，不论大人还是小孩，都很简单。不仅花样少翻新，甚至花在午餐上的时间都很少。好几次，小猪从学校回来后递给我的lunch box还是沉甸甸的。再一问，小丫头说，不是她不想吃，是因为她吃饭不快，而lunch time又太短，一到时间，老师就要求大家收拾东西了。

小孩子的午餐尚如此，大人们的午餐就更不用说了。汉堡、比萨、热狗、poutine（普丁）以及各色面饼夹肉卷、菜卷……这些我中华儿女视之相当粗糙的简餐实际上是加拿大最常见的午餐——它们的地位等同于中国的“米饭+菜”。

加拿大人寻常的午餐。

从埃及来的Dina也对加拿大的饮食感到很不适应。不过，埃及的“一日三餐”也让我大开眼界。Dina告诉我，在埃及，她们的早餐时间是早上7点多钟，午餐要一直等到下午5点左右，而晚餐则在晚上10点多钟。

“所以，到了晚上，我们总是在吃东西。”Dina说。为了适应这种饮食习惯，超市遍布埃及，且24小时营业。Dina向我描述的埃及人日常生活中买东西的场景总让我想起张爱玲笔下“十里洋场”的光景。就在那样民国的上海弄堂里，人们从楼上吊下篮子，装上钱，把要买的东西列个单子，店主就会把东西和找零放进篮子里，再拉上去。

总而言之，就对午餐的重视程度，即便身处节奏加快的现代社会，中国人仍不遑其让。有一次，我和同学谈到东西方饮食时，大家认为东方人普遍更为苗条，我想东方人的饮食习惯应该是个重要原因吧。“早上吃得饱，中午吃得好，晚上吃得少”这句打小就听得耳熟能详的古训，此刻又在我耳边回响……

吃在校园（三）付费午餐与免费午餐

带饭（Pack Lunch）实在是个叫人头痛的大事儿。如果你实在受不了天天绞尽脑汁、琢磨孩子的口味，偶尔也可以偷个小懒，选择在学校订餐，顺带让小朋友换换口味，就好像——我。

付费午餐

小猪上学几周后，我发现，学校还提供订餐服务。餐单一般会提前一个多月发下来，主要有三种选择。一种是EMSB的“Hot Lunch Program”（热餐计划），另外两种则是周五的“Pizza Day”（比萨日）或者“Subway Day”（赛百威日）。

热餐计划在每周一、周三。家长可以按照自己的需要灵活选择。热餐包括主食（Main Course）和甜品（Dessert），总体荤素搭配、比较丰盛。比如“起司汉堡、土豆块、沙拉+苹果脆”，“烤鸡腿、调味米饭、精选蔬菜+水果冻”，“烤肉丸、玉米沙拉+桃子”……热餐每顿4.5刀，折合人民币约27元。

对于小猪这样的5岁小姑娘来说，偶尔为之的热餐让她倍觉好吃，而分量应该是相当大的。每次热餐归来，小猪都说，没能全部吃完，有时还会把点心打包带回家。

除了热餐，每周五还有比萨日和赛百威日。这一天，孩子可以订比萨餐或者赛百威的汉堡餐。比萨餐根据孩子胃口可以选择一片到三片，价钱各有不同。一片比萨+一杯饮料，售价3刀（折合人民币约18元），分量已经足够小猪吃了。汉堡餐则统一6刀（折合人民币约36元）一顿，面包、酱料、熏肉、蔬菜等都可以选择自己喜欢的口味。

校园里的订餐服务多少可以搭救一下焦头烂额的妈妈，我想。不过，每次看着“Subway”的餐单，我都会止不住地心生疑惑——难道是Subway的校园植入广告？

午餐指导

小猪注册的时候，295刀的学费里，其中225刀是一个叫做Lunch Supervision（午餐指导）的东东，70刀则是用于School Supply（学习用品）。午餐指导到底是个什么东东？

注册的时候，Debora只告诉我说，这是一笔EMSB的强制费用，概莫能免。而从小猪反馈回来的信息看，午餐指导应该就是指午餐时间会有一位老师全程专门陪同和监督孩子们用餐。比如，陪同Room 5的午餐老师是Miss Colette。

来到加拿大之前，我就在关于加拿大“好福利”的传闻中，听说过“免费午餐”这回事儿。可是，为什么小猪不仅要自己带饭，还要付费接受午餐指导呢？

带着好奇，我从网上查到更多关于午餐指导的信息。原来，EMSB是在1998年12月开始实施的午餐计划中，开始推行午餐指导的。所有就餐的孩子都必须接受付费指导。同时，纳入午餐计划的孩子都得自己带饭到学校。

午餐计划带着点强制的性质。EMSB规定，孩子如果在某一天离开学校就餐，必须有一位大人带着孩子，还要向学校提供书面的申请。为什么会有这样的午餐计划、午餐指导？大多数人对此都是一头雾水。不过，整体看来，我感觉，这个付款的午餐指导在某种程度上有点donation（捐款）的性质。捐款的对象应该是EMSB的午餐计划，因为，在加拿大，低收入家庭的子女是可以享用免费午餐的。

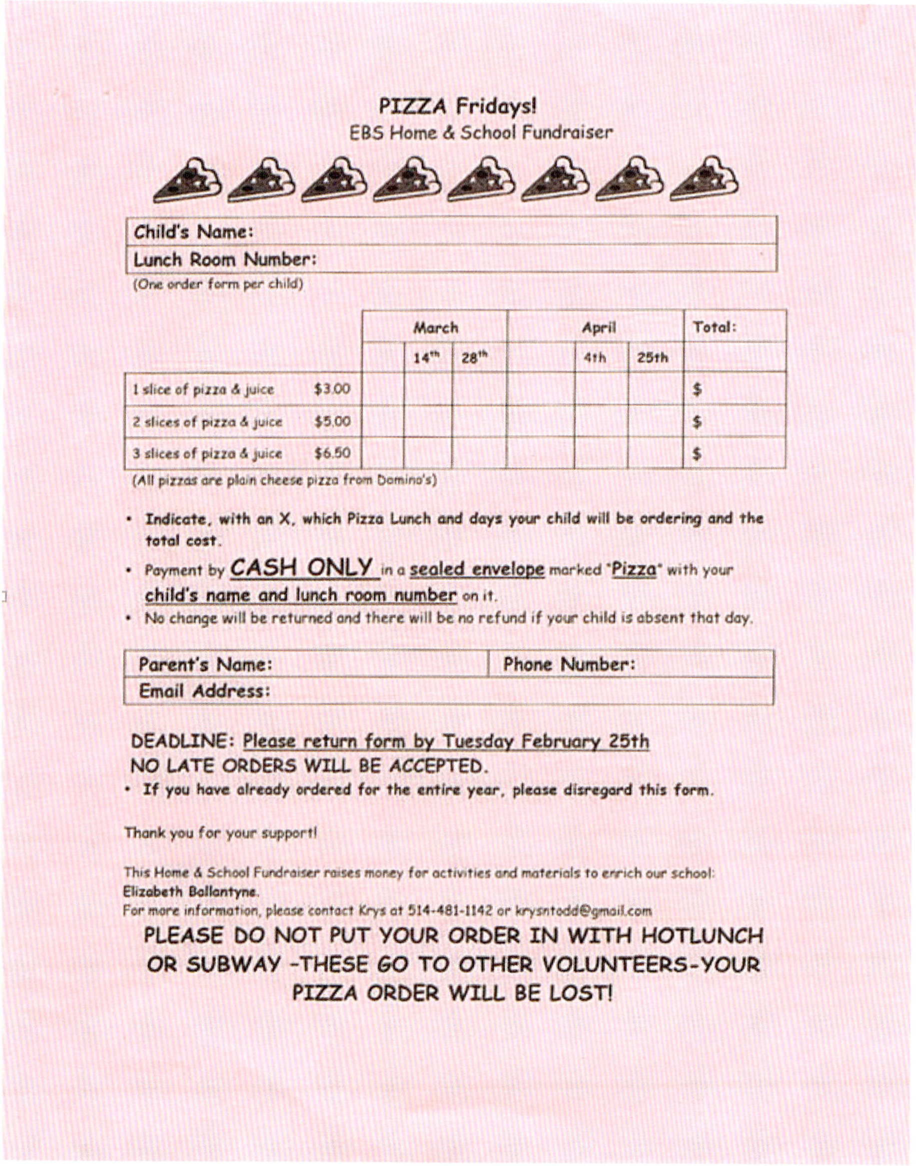

PIZZA Fridays!

EBS Home & School Fundraiser

Child's Name:	
Lunch Room Number:	

(One order form per child)

		March			April			Total:
			14th	28th		4th	25th	
1 slice of pizza & juice	$3.00							$
2 slices of pizza & juice	$5.00							$
3 slices of pizza & juice	$6.50							$

(All pizzas are plain cheese pizza from Domino's)

- **Indicate, with an X, which Pizza Lunch and days your child will be ordering and the total cost.**
- Payment by **CASH ONLY** in a **sealed envelope** marked "**Pizza**" with your **child's name and lunch room number** on it.
- No change will be returned and there will be no refund if your child is absent that day.

Parent's Name:	**Phone Number:**
Email Address:	

DEADLINE: Please return form by Tuesday February 25th

NO LATE ORDERS WILL BE ACCEPTED.

- **If you have already ordered for the entire year, please disregard this form.**

Thank you for your support!

This Home & School Fundraiser raises money for activities and materials to enrich our school: **Elizabeth Ballantyne.**

For more information, please contact Krys at 514-481-1142 or krysntodd@gmail.com

PLEASE DO NOT PUT YOUR ORDER IN WITH HOTLUNCH OR SUBWAY -THESE GO TO OTHER VOLUNTEERS-YOUR PIZZA ORDER WILL BE LOST!

学校的比萨日订单。

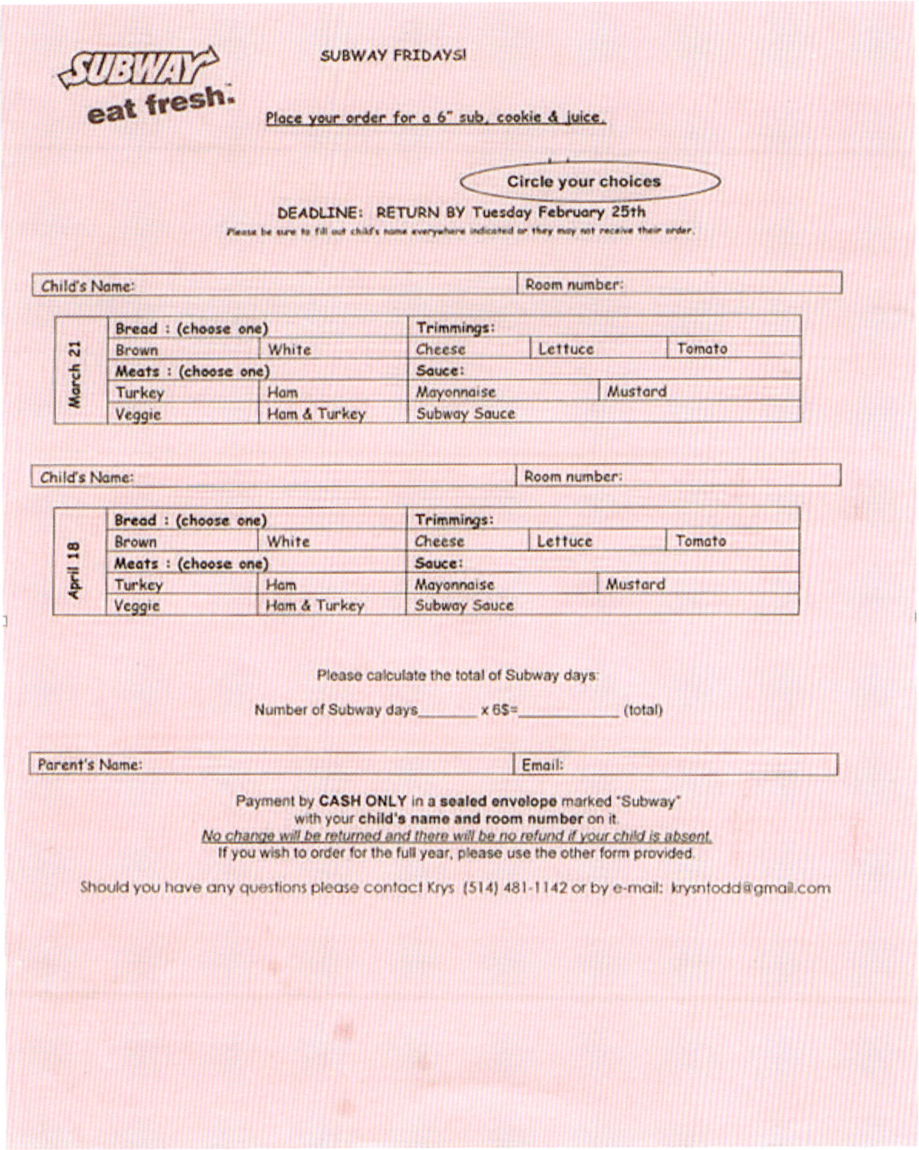
SUBWAY FRIDAYS!

Place your order for a 6" sub, cookie & juice.

Circle your choices

DEADLINE: RETURN BY Tuesday February 25th

Please be sure to fill out child's name everywhere indicated or they may not receive their order.

Child's Name: | Room number:

March 21				
Bread : (choose one)		Trimmings:		
Brown	White	Cheese	Lettuce	Tomato
Meats : (choose one)		Sauce:		
Turkey	Ham	Mayonnaise	Mustard	
Veggie	Ham & Turkey	Subway Sauce		

Child's Name: | Room number:

April 18				
Bread : (choose one)		Trimmings:		
Brown	White	Cheese	Lettuce	Tomato
Meats : (choose one)		Sauce:		
Turkey	Ham	Mayonnaise	Mustard	
Veggie	Ham & Turkey	Subway Sauce		

Please calculate the total of Subway days:

Number of Subway days______ x 6$=_________ (total)

Parent's Name: | Email:

Payment by **CASH ONLY** in a **sealed envelope** marked "Subway"
with your **child's name and room number** on it.
No change will be returned and there will be no refund if your child is absent.
If you wish to order for the full year, please use the other form provided.

Should you have any questions please contact Krys (514) 481-1142 or by e-mail: krysntodd@gmail.com

学校的赛百威日订单。

免费午餐

在康考迪亚的Cook Out（大食会）活动上，小猪结识了从国内移民到蒙特利尔的小敏。小敏在蒙特利尔先后就读了两家小学。一个是monk的Notre-dame du perpétuel secours ，一个是jeanne-leber。说起令大家头痛的Lunch Pack，小敏爸爸却倍感轻松。因为，小敏上的这两家学校都有订餐，一个月只需花费15刀。不过，小敏爸爸强调，必须是低收入家庭才能享受这项福利。订餐据说相当不错，牛奶、水果天天有，还会提前一个月发下一个月的菜谱。

为什么有的学校有免费午餐，有的学校没有呢?

数年前移民蒙特利尔的小艾妈妈说，她们初到加拿大的时候，因为收入不高，申请了教委补助的免费午餐——学生只需付0.5刀每餐，教委每餐补助3.5刀。因此，当时，孩子半年的午餐只花了175刀。不过，并不是每家学校的学生都可以申请免费午餐。小艾妈妈说，如果学校所在地区高收入居民占比重较大，片区的学校就不会得到教委补贴，学生也就不能申请免费午餐；而片区低收入居民占比重较大，政府的各项补贴就多，片区学校多半是可以申请免费午餐的。不过，相应地，低收入片区的学校生源略差，连带着教学质量也便略逊一等。

吃在校园（四）食物不分享&Potluck（一家一菜）

身处这样一个“世界大同”的时代，在加拿大，你不会在饮食上感到太大的不适应。因为，超市里，你几乎可以找到所有你想要的食材。不过，从小猪校园生活反映出来的加拿大特有的饮食文化还是会令你感到新鲜。

食物不分享

小猪某天从学校回来后告诉我说，这一天带的肉松寿司和青瓜寿司，让她的小同学感到好奇。“Amal问我，这是什么？好吃吗？”小猪说。我不禁莞尔，“你可以和你的小同学分享啊！”我说。不过，小猪接下来的回答却出乎我的意料。“老师不让小朋友分享食物。”小猪答。

这是什么状况？在中国，有些小朋友对鸡蛋过敏，因此老师不会让小朋友分享鸡蛋。可寿司不含鸡蛋，为什么也不能分享呢？

我向一位加拿大老太太请教。老太太告诉我——在加拿大，除了鸡蛋，还会有些孩子对花生、坚果之类的食品过敏，所以在学校，老师会要求同学不分享家中带来的食物，以避免过敏。这件事情之后，我也留意到，不少饼干、点心的包装盒上会标明“不含花生油”的字样。

再后来，一次参加烤饼干活动时，组织人员还专门走过来问小猪会不会“Peanut Allergy”（花生过敏）。因为，那天有一道烤花生酱饼干。

一家一菜

但是，学校里也会有食物分享的盛事。除了万圣节、圣诞节这样的大日子，老师鼓励孩子带包装食品到班上共享外，“Family Pot Luck Dinner”（一家一菜）就是一个孩子家长展示厨艺兼加深了解的好机会。

圣诞节快要到的时候，我查看小猪学校每月的Calendar发现，Room19的孩子们将要举行“一家一菜”活动，于是特意向小猪的班主任老师Ms. Cher打听消息。不过，Ms. Cher告诉我，因为小猪班上只有11个孩子，人数太少，加之驻班班主任只有她一人，恐怕照顾不周，因此这一年的圣诞节不打算举行“一家一菜”。

这叫人有点遗憾，不过，却加深了我对“一家一菜”的好奇。

原来，日常生活中，遇到重大节日或生日，不少加拿大人都会选择用“Family Pot Luck Dinner”的形式庆祝。收到“一家一菜”的江湖召集令，头件大事莫过于——决定到底出手哪种菜式好。珍珠的妈妈对“一家一菜”经验丰富，见过大大小小不少阵仗。她说，她见过最厉害的菜式是一位家长准备了一杯又一杯的高脚杯装布丁和奶酪。不过，这样的出品背后往往站着的是非“常人”——话说打造这般手笔的家长本人是位五星级饭店的厨师。

相形老外们的西餐，中国家长毫无悬念地奉行“亚洲风”——煎饼、饺子、寿司……有人甚至用焖烧锅装上一锅红豆汤拿到教室，还有“不思进取”的家长直接跑到唐人街外卖了整只北京烤鸭配荷叶饼。

即使是简简单单的一道烤花生酱饼干，也要当心也许有人会“花生过敏。

穿在校园（一）只爱运动鞋

小猪是个爱漂亮的小姑娘。在国内，小姑娘常常对自己的衣服、鞋子挑三拣四。不过，到了加拿大，小猪开始发现并不得不接受的事实是——小皮鞋不流行了，花枝招展的余地也不大了。

跑鞋（running shoes）

和国内的小学有很大不同的是，加拿大的小学生们入学后都会有一个自己的“Locker”。“Locker”类似于“储物柜”，里面有挂钩或物品架。学生们进入教室前，把书包和外衣挂在挂钩上。很多时候，特别是在雨天或寒冷的冬季，学生还得带一双备穿的鞋子。进入教室前，将雨鞋或雪靴换下，放在Locker，再换上干净的鞋子进入教室，保持地面的干净。

小猪上学第二天，老师就在日志（Agenda）上给我留言——“Teresa has physical education on Wed. Thurs. & Fri. and must wear running shoes.”（Teresa每周三、四、五有体育课，必须穿运动鞋）。

收到信息的我，急巴巴地跑去给小猪买来一双跑鞋。不过，很快就发现，一双运动鞋还真不够。原来，除了体育活动，剩下的日子每天都有户外活动，所以小朋友基本上天天都得穿着运动鞋。

“大家全部穿运动鞋”，小猪上学没几天就发现了这种“新状况”。在国内，小猪特别钟爱带漂亮蝴蝶结的小皮鞋，可到了加拿大，情况大不同。花里胡哨、漂漂亮亮的小皮鞋只能在玩过家家时发挥点余热了。

只穿运动鞋

事实上，运动鞋是加拿大孩子最主要的鞋子。

和其他小同学的家长一沟涌，我发现，家长们普遍为孩子准备了两到三双运动鞋。有位妈妈甚至告诉我，她7岁的女儿从来不穿小皮鞋，也压根没买过小皮鞋。

和国内相比，像Nike、Adidas、Puma这样的所谓大牌运动鞋，在加拿大其实相当朴素。打折的时候，所谓的大牌运动鞋价格税后为30多刀，折合人民币200元左右，和当地普通的运动鞋身价差不多。

每个小朋友都有自己的Locker，冬天必须将雪服和靴子脱下来放在Locker。

穿在校园（二）校服

开学前两周，小猪按照国内的习惯，每天花花绿绿、高高兴兴地上学校。很快，情况不对了。两周后，妈妈接到小猪的班主任老师Ms. Cher的留言，称小猪需要置办校服。再问一问小姑娘，这才明白，原来学校要求孩子们穿校服上学。看来我们最后一天入学的时候，Debora漏掉了这个重要的信息。

订校服

啥话不说，赶紧补课！妈妈马不停蹄赶到学校办公室登记订单。原来的办公室秘书Debora已经“流动”走了。新来的办公室秘书叫Scala Mhae Betran，是位基本不会说中文的华裔。

看到同样黄皮肤黑头发的我，Mhae很是亲切。（也许因为这间学校的中国孩子实在太少了。全校集会的时候，目测一下，估计包括韩国孩子在内的黄皮肤孩子也就寥寥数个。）

听说我要为小猪订校服，Mhae主动告诉我，她的两个孩子也在这家学校读书，家里正好有几件闲置的校服。“不介意的话，我可以带给你。”Mhae说。

嗬，这可是个大惊喜！第二天，我如约来到学校，特意拿上从中国带来的京剧脸谱画框表示感谢。Mhae早已准备好一大包校服——两件深蓝色长袖、两件深蓝色短袖以及一件白色长袖。

“这些足够你女儿穿了，自己再配上黑色或深蓝色裤子就可以了。”听着Mhae的经验之谈，她的真诚和好意让我感受到阵阵暖流。

价格不菲的校服

“不便宜哦！”就像我拿起校服订单那一刻的感受，“贵”是人们对加拿大校服的第一印象。

以小猪学校的校服为例。一件短袖Polo衫要18.52—19.01刀，一件长袖Polo衫要19.66-20.16刀，而买上一条小裙子则需要花费25.37—37.25刀……价格不算便宜，但是质量却是真心好。

到了中学，校服的种类更多，价格更高，开销也就更大。和我们同住一栋楼的一位妈妈细数了自家儿子的校服——领带、衬衣、T恤、运动衫、秋衣、毛衣、背心、长裤、短裤、皮鞋，加上替换的，总共18件，

穿着校服的孩子们。

加拿大的校服

加拿大并非所有的小学都必须穿校服。以蒙特利尔为例，小学是否穿校服基本上因校而异。但到了中学，不论是公立还是私立，学生都必须置办校服。这笔预算在学杂费以外，学校都是单独开列通知单给家长。

相较而言，公立中学通常只要求每周的某一两天必须穿校服，所以需要购买的校服数量有限。但私立中学普遍硬性规定学生们必须每天穿校服，甚至包括鞋子；上体育课才能穿自己的运动鞋，因此校服的消耗量相当大。加拿大的校服有指定的订制点。比如蒙特利尔西岛杜鲁多机场西侧的一家校服订制点，就承办着ST-ANNE、NOTRE-DOME、ST-LOUIS等好几所中学校服的订制。这里的校服据称都是在亚洲生产的，订制过程需要两个月。

花费约700刀（折合人民币4200元左右）。不过，校服的质量却是相当不错。想起国内曾出现的“染色校服”“毒校服”，这在加拿大是不可想象的。

校服昂贵，而孩子们的个头又窜得太快。学校有时会向家长收集孩子们穿不了的校服，搞“Uniform Garage Sale”（旧校服甩卖）。甚至在网上也可以买到二手校服。有些家长把孩子穿过的校服拿到网上转让，价格便宜很多。比如原价49.99刀（不含税）的T恤只要10-15刀，原价69.99刀（不含税）的毛衣只要20刀……也吸引了一些家长来淘宝。

C.U.A. Inc

Elizabeth Ballantyne School

Student's name : ____________________ # 02110412: ________

Parent's name : ____________________

Home Phone : ____________________

MODEL	ILLUSTRATION	SIZE	QTE	CREST	PRICE	TOTAL
#111-C White Polo short sleeve LACOSTE		2-3-4-5-6-6x P-M-G-XG junior P-M-G-XG adult	------	YES	$ 18.52 $ 21.97	
#111-L White Polo long sleeve LACOSTE		2-3-4-5-6-6x P-M-G-XG junior P-M-G-XG adult	------	YES	$ 19.66 $ 23.12	
#111-C NAVY Polo short sleeve LACOSTE		2-3-4-5-6-6x P-M-G-XG junior P-M-G-XG adult	------	YES	$ 19.01 $ 22.45	
#111-L NAVY Polo long sleeve LACOSTE		2-3-4-5-6-6x P-M-G-XG junior P-M-G-XG adult	------	YES	$ 20.16 $ 23.60	
#111-C White Polo short sleeve INTERLOCK		2-3-4-5-6-6x P-M-G-XG junior P-M-G-XG adult	------	YES	$ 15.35 $ 17.64	
#111-L White Polo long sleeve INTERLOCK		2-3-4-5-6-6x P-M-G-XG junior P-M-G-XG adult	------	YES	$ 16.49 $ 18.81	
# 100 Fleece Sweat shirt navy		2-3-4-5-6-6x P-M-G-XG junior P-M-G-XG adult	------	YES	$ 16.21 $ 20.82	
#102 Fleece Cardigan / Pocket navy		2-3-4-5-6-6x P-M-G-XG junior P-M-G-XG adult	------	NO	$ 18.81 $ 23.40	
#103 Fleece Kangaroo navy		2-3-4-5-6-6x P-M-G-XG junior P-M-G-XG adult	------	YES	$ 25.69 $ 27.99	
#106 Jammer FLEECE / TACTEL navy		2-3-4-5-6-6x P-M-G-XG junior P-M-G-XG adult	------	no	$ 13.05 $ 15.35	
#9519 Knickers skirt navy		2-3-4-5-6-6x P-M-G-XG junior P-M-G-XG adult	------	no	$ 24.37 $ 29.42	
#JJ02-78 Maria skirt navy		2-3-4-5-6-6x P-M-G-XG junior P-M-G-XG adult	------	no	$ 24.37 $ 29.42	

02110412 : ________

TOTAL : ____________________

C.U.A. Inc.

DEPOSIT : ____________________

3975 Ave. De Courtrai suite 200, Montréal (Québec) H3S 1B8

BALANCE : ____________________

学校下发的校服订单。价格不便宜，但质量却是真心好。

穿在校园（三）朴素的孩子

“校服事件”后，我对加拿大学生的穿着注意起来。让我感到吃惊的是，加拿大的孩子衣着相当“朴素”，有些学校甚至明确建议家长不要给孩子穿名牌。

“名牌”不讨好

学校对“名牌”的管控到底到了什么程度呢？

蒙特利尔的一位中国妈妈曾在自己的博客里晒出自家孩子所在的小学对“衣着”的规定——不建议孩子穿名牌，如果家长真要给孩子穿名牌，名牌标志不能过于明显或者大于1平方厘米。男女生要留长发的，一律要绑起来，最好是“法国式辫子”。男女生最好不要戴耳环、戒指、项链一类的装饰，但是耳钉可以。禁止使用香水。冬天使用没有香味的面霜。不准穿高跟鞋。衣服、鞋子必须是防火防静电的，不能有不必要的装饰，比如纽扣、绳子一类的。建议家长最好购买加拿大许可的童装，不要把国外购买的童装穿到学校。书包、文具只能买单色的或者透明的，不能有花纹、香味或者装饰……

小猪的学校规定得没有这么严格，比如并没有规定长发一定要束成“法国式辫子”，但学校显然不鼓励孩子们把过多的注意力放在穿衣打扮上。我曾在上课时间去过小猪学校。走进教室，放眼一望，一片深蓝色的校服里，几乎分辨不出哪个是小猪。

不过，小猪每周一到周五的这套例牌行头，让当妈的我心下窃喜——再也不用每天早晨和小姑娘进行一番“搏斗”了！来到这个没法儿臭美的环境，爱臭美的小猪也只能入乡随俗。

能简就简

“臭美”，对于国内和小猪差不多年龄的小姑娘来说，是个通病。我不止一次听见妈妈们抱怨自家小公主“太臭美”。相形之下，不得不说的是，加拿大的孩子实在朴素得很。孩子们不仅平日里穿得朴素，就连圣诞节这样的大日子，也是能简就简。

圣诞节前夕，我接到通知，伊丽莎白·布兰坦的全校孩子们要在体育馆里举办圣诞音乐会，邀请爸爸妈妈们到场。让我惊讶的是，孩子们的校服就是这一天的演出服。和平日里唯一不同的是，每个孩子都系上了红领结。可细看一下，红领结原来竟是一截红色缎面纸，交叉相叠后用订书机订牢的“一次性”纯手工作品。

这个发现让我心生感慨，关于校服，我曾经请教过几位本地同学。得到的一致答复是，如果衣着光鲜亮丽的学生和衣着简朴的学生一起在校园生活，很容易造成两者间身份的差异。

圣诞音乐会上的这一幕不禁让我又想起小猪在国内上幼儿园时的情形：旗袍、泳装、白纱裙、小黑裙、白毛衣、花边袜、红皮鞋……每到“六一”、元旦这样全校联欢的大日子，老师必会为小朋友开出一系列从头到脚的衣着清单。不仅如此，头一天老师必定交代小朋友提前到校，因为不论男孩、女孩，那一天统统需要化妆。

中国学生们也得穿校服。推行校服的原因，我想，应该与加拿大大同小异。不过，看上去，老外们的“校服思路”是渗透到了骨子里，不掺一点儿“面子工程”。

穿在校园（四）Free Dress Day（自由着装日）

深蓝色Polo衫配深蓝色或黑色的裤子，说实话，小猪这套暗不溜秋的校服真心不好看。因此，每月的最后一个周五，对于小猪来说，都是一个欢欣鼓舞的日子。这一天是学校的Free Dress Day。令人惊讶的是，以这个Free Dress Day的名义，学校要求家长们向学校捐款2刀。

自由着装日（Free Dress Day）

还记得小猪第一天穿上校服时的情景，小姑娘自己跑到镜子前，左扭右瞧，忽前忽后，撅着小嘴直摇头："太难看，太难看，像个男孩子！"妈妈不由得心内暗笑，5岁小小孩这个时候脑子里储存的词汇量还不足以让她找到更加激烈的词语来描述衣服的难看。所以，至少在这一阶段，"像是公主"是对漂亮衣服的最高褒扬，而"像个男孩子"则是对所穿衣服最糟糕、更气愤的评价。妈妈强抑爆笑的冲动，看着镜子里面气鼓鼓的小脸，满脸同情地附和："嗯，是有点……"

可是，无法——一视同仁，谁都得穿校服，小猪心里通透得很。虽然老大不乐意，却并没有挣扎的企图。第二天，不需要和妈妈搏斗，小猪嘟嘟囔囔自己穿着校服去上学，没想到回到家竟显露出一点小激动。原来，这一天Ms. Cher夸奖穿校服的小猪"fine（不错）"，令小姑娘很激动。

因为不能免俗，因为想要争取Ms. Cher的"fine"夸奖，校服总的来说并没有给小猪带来太多困扰。不过，也因为这样，一月一次不用穿校服的Free Dress Day，成了小姑娘爱美之心的小爆发。

每次Free Dress Day的头天晚上，小猪就开始倒腾她的小衣柜，搭配出第二天的行头，整整齐齐摆在床前的小凳子上。而后，小姑娘钻进被子，咯咯笑着，双脚直踢床垫，期待着第二天的早日到来。

Free Dress Day放学归来，小猪口中开始冒出各种故事。喜悦的是，她穿的裙子那天转出一个完美的大圈，大过了其他小朋友；惆怅是，Alexander穿了一条更美的裙子……诸如此类，小姑娘脑子里满是稀奇古怪的东东。

捐款

Free Dress Day，对孩子们来说，我想，就像是盛满深蓝色、黑色颜料的调色盘里突然跳跃出的一抹亮色。不过，有意思的是，小猪的Free Dress Day竟然需要捐款。

12月的一天，小猪放学后带回一张通知，称从这个月开始，学校董事会决定本校传统的“Free Dress Day”将成为一个慈善日。孩子们如果想在那一天自由着装，必须至少捐赠2刀，以支持那些需要帮助的家庭。

Free Dress Day的捐赠对我和小猪来说是新鲜的经验。开始，小猪还会不断提问：“妈妈，我们为什么要带钱到学校？”“我们可不可以不带钱到学校？”到后来，小猪已经自问自答：“帮助有需要的小朋友……”

我其实并不知道对5岁小小孩这样的引导说辞是否让她真正理解其中的含意，但是，若干年后小猪还会不会记起当年这一幕呢？这算不算是慈善在一个5岁小小孩心中最初的萌芽呢？

Chapter 3
丰富多彩的
小学生活

摘苹果，参观积木工厂、小火车博物馆，溜冰马拉松……

尽管只是短短一年，五光十色的校园生活已经烙印在5岁小人的脑海……

摘苹果

小猪上学第二天，就幸运地赶上了学校的集体活动——摘苹果。家长只要缴费12刀，小朋友就可以参加学校组织的这项活动。

甜脆脆的小苹果

这实在是特别的一天。下午4点钟，我和猪爸爸站在Patricia街口迎接小猪。从校车上下来的小姑娘难掩满脸兴奋，向我们冲过来。“妈妈！今天有一个很特别、很特别的惊喜！”小猪很激动。到底是什么样的特别惊喜呢？回到家，小猪迫不及待地打开书包，拿出了她的惊喜——一大袋红艳艳的小苹果！

“全部是我自己摘的，很好吃！”小猪很得意，掩不住的成就感，献宝般地忙不迭拿出苹果让我和猪爸爸品尝。果然，甜脆脆的小苹果仿佛还带着青草和阳光的味道。第一次吃到女儿为我们采摘的果子，我和猪爸爸又是惊喜又是满足。

原来，10月的蒙特利尔正值一年一度的收获季节，“摘苹果”正是这个城市特有的传统剧目。每到这个时节，城郊大大小小的苹果园里，红艳艳的累累硕果便挂满枝头，吸引着人们从四面八方赶来。

和广州流行的摘荔枝、摘草莓一样，人们在苹果园里可以随意采摘、品尝、围坐、野餐、游戏、散步……最后还可以花上一点钱，带走自己采

摘的苹果或者买上些农场自摘的新鲜苹果。有的苹果园里甚至还可以买到其他的苹果制品，甚至还设有苹果博物馆，向人们解说苹果的历史和文化。

秋天的蒙特利尔，不仅市民们拉帮结队地参加这项活动，农场主也大力欢迎人们去果园摘苹果。原因很简单——摘苹果没法儿机械操作，是个纯靠人手劳作的活儿，每到苹果丰收的季节，农场主都得花钱雇人摘苹果。要知道，加拿大人工非常昂贵，摘苹果的工人边摘边吃不算，一天的人工费都得约90刀（折合人民币约540元）。一些旅居此地的华人老头、老太太据说常在这个季节出动，连吃带玩儿地还能赚上一笔。

边摘边吃

小猪回家后，拿着自己摘下来的苹果张口就咬。生生目睹这一幕的妈妈急巴巴阻拦——“洗洗！”小猪眨巴着一双大眼睛，相当无辜地看着我答，“MS. Cher说，可以不用洗。小朋友都这样吃，我都吃了两个。”

是么？都已经吃了两个？小猪的话让我复杂了，想起了以前在国内总要把青菜摁在盐水里猛泡半个小时。

难道加拿大不用农药？在康大参加留学生“神侃会”（留学生会组织的“Talk Time”）时，一位环境工程系的研究生Maxellende为我答疑：除了100%的有机蔬菜，加拿大的蔬菜也会用农药，但使用什么样的农药，撒药后多久上市，在加拿大和美国都有严格的规定。以苹果为例，这里的苹果早在几个月前就已经喷洒了农药，而后经过几个月的阳光照射，农药已经充分分解，达到安全食用水平，这才开始收获。

人们日常中使用的化肥也很有讲究。夏天的时候，我到亲戚家做客，正赶上他们翻整草坪。亲戚买来一大袋一大袋的牛粪，洒在刚刚翻整的土地上，顿时一股浓烈的牛粪味四散开来，叫人几欲作呕。亲戚向我解释，政府有规定，自家的院子也得用有机肥。有了这次的经验，再不久，当我在高速公路上看到路边的农场上，有人开着拖拉机洒牛粪，便不再少见多怪了。而从此以后，我这个城里长大的孩子，头脑中便多了一样新的认知——牛粪的味道。

“没有100%没有污染的地方。”Maxellende说。他上课的时候，教授曾经向他们展示过，日本人趁着清早向大海倾泻废水的图片，令全班同学感到震惊。但是，在加拿大，各种污染的最高限制都定得很低很低，各种智囊机构和大学，以及各类研究所、科研机构也不时进行相关实验，迫使政府进一步降低污染的最高限制。

Maxellende的话让我想起，2011年因为奶品的“标准”问题，我在国内曾经做过一组关于“国标”的调查。当时，广东省标准化研究院的专家告诉我，我国现行的2万多项国家标准中，超过1.3万项“超龄服役”，标龄全部超过5年。其中，26.3%的国标标龄超过10年，8.2%的国标标龄超过20年，也就是说，那些管控着产品准入“门槛”的国家标准，十几、二十几年竟一成不变。不仅如此，专家解读说，中国的“国标”作为行业的准入门槛，实际上就是最低标准；因为“国标”如果定得太高，会有大批企业死掉。不得不说，这是一个牵强却又现实的逻辑。

想想国内日新月异的制假、造假技术，以“国标”的一成不变以及“最低标准”，应对制假造假的日新月异……加拿大摘下就能吃的小苹果，让我止不住心生感慨。什么时候，国内的苹果也能摘下就吃？……

Mega Blocks（米格积木）

小猪上学第二周，妈妈已经感受到加国小学生校园活动的丰富多彩。前脚刚去了苹果园摘苹果，第二周，小猪又带回通知——10月19日，全校的小朋友要去Mega Blocks（米格积木）参观积木工厂！

一次积木工厂之旅，小猪收获颇丰。

好多礼物！

初来乍到的我们，一开始其实并不知道，Mega Blocks是为何物。直到下午，小猪乘校车归来，谜底这才揭开——原来，Mega Blocks是加拿大十分著名的一家积木工厂。

我个人感觉，在加拿大，Mega Blocks和乐高积木是同等量级的积木品牌。但是因为乐高进入中国市场更早、推广力度更广，因此，国人更熟知乐高积木。

Anyway（无论如何），一次与积木工厂近距离的面对面，对于五六岁的小屁孩来说，是相当有杀伤力的！更不用说，点亮这次行程最直观的引爆点——一大袋来自积木工厂的免费积木赠品！

大大小小的芭比、芭比房间、衣服、头发、玩具……小姑娘高兴得合不拢嘴。连带着妈妈也觉得惊讶——老外对孩子可真是慷慨大方！

见缝插针，好不容易弄清楚了整个状况：原来，小朋友参观了积木生产的全过程；最后，积木工厂不仅为每位小朋友准备了一袋积木小礼物，还允许孩子们在车间多余出来的零散件中挑选一些自己喜欢的积木带回家。

“妈妈，你知道积木怎么生产出来的吗？原来，先要用纸盒做成模型呢！”小猪睁大眼睛，相当认真地告诉我她发现的大秘密。

渗透式“洗脑”

这一晚的小猪在兴奋中度过了一大段美好的积木时光。从此，“Mega Blocks”也烙入了她的大脑中。

此后，凡是在路上、商场、文具店，只要看到带有“Mega Blocks”字样的商品或是LOGO，小猪都会像发现了新大陆，忙不迭地指给妈妈看。

11月24日，是蒙特利尔一年一度的圣诞大巡游。很多商家都不愿缺席这样人潮滚滚的盛事，一定要趁着这个时候，在巡游的队伍里露露脸。我和小猪当然也不会错过此等城中盛事。看着看着，小猪突然指着远远而来的一辆花车，大叫“Mega Blocks”！原来，是Mega Blocks用自己生产的积木在花车上搭起了各种趣致的造型！

总之，在蒙特利尔这一年，带着小猪，娘俩总是有机会与Mega Blocks发生各种场景的不期而遇。每每这样的时刻，看着我家兴奋难抑的小猪，妈妈都不得不由衷承认，商家的“渗透式教学”真真是洗脑神器。

果然，第二年2月份，小猪生日的时候，小姑娘要求的“生日礼物”，除了一台cash register（收银机），排在第二位的就是一整套Mega Blocks的托马斯轨道积木。

Me Box
（我的盒子）
——小猪的第一次Presentation（报告）

小猪上学第一周，Ms. Cher就带回一个通知——按照计划，小猪在Kinder garden的这一年将会有4个presentation。开学后，小朋友就要开始第一个presentation的准备工作。

5岁小小孩的Presentation

“5岁的小小孩已经开始presentation？”看到这张通知，妈妈大吃一惊。在妈妈的心中，presentation可是个高大上的东东，要知道，我的第一个presentation始于大学三四年级。名字已经记不大清楚了，唯一记得的是当时整个宿舍的女同学陷入一片挣扎和纠结。因为要将presentation的成果当众呈现，一班女孩子在放学后杀入空旷的教室，在教室门上写上大大的“试讲勿扰”，谢绝参观，但还是挡不住路过的同学不时投射过来好奇的眼光。

如此高大上的presentation怎么会与5岁的小小孩扯上关系呢？我心中止不住地感慨。

难怪我的老外同学们个个在课堂上口若悬河、侃侃而谈，丝毫没有为表达自己的观点而感到一点点害羞。原来，这些孩子都是从小这样百炼成钢的！

小猪的presentation要求很粗泛。老师只给出了一个主题——Me Box

（我的盒子）以及一些必要的指引：比如找一个类似鞋盒一样的小盒子，动手和家长一起装饰，在里面放上你最喜欢或是最有意义的东西，然后向大家介绍。

呵呵，听上去更像是手工作业呢，但是，因为老师为它扣上了“presentation”的大帽子，小小的手工作业在娘俩心中瞬间变得高大上了。

Me Box

第一次的presentation作业，小猪和妈妈都很重视。东翻西翻找到一个鞋盒，好了！Me Box就靠它了！

紧接着是怎么样装饰。娘俩刚到加拿大不久，其实对于周围的环境都还不太了解，更不要说到哪里去买做手工的材料了。没有办法，就地取材！先用妈妈打印作业的A4纸为Me Box穿上外衣吧。

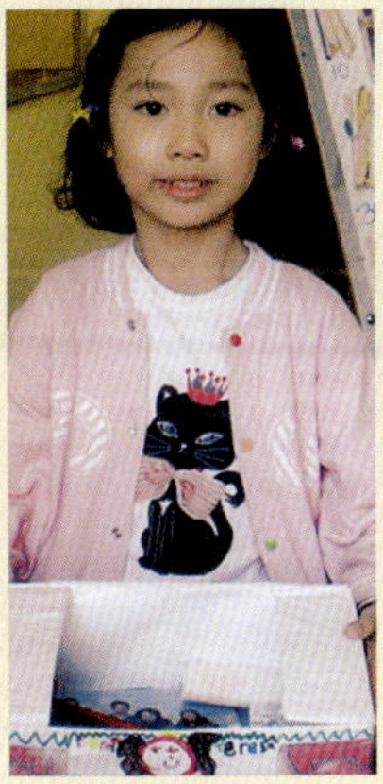

5岁小猪精心打造的Me Box作品。
小小孩的第一次presentation作品虽然粗糙，却充满了回忆！

“可以画一幅画！”小猪觉得太单调，提议道。嗯，办法不错！小猪这段时间对画画兴趣陡增，很快画好了一幅城堡，还别出心裁地在上面加了一面加拿大国旗。这让我大吃一惊，小姑娘到加拿大还不到三周，怎么就已经可以画出加拿大国旗？小小孩的脑袋真正是奇哉怪也！

一边心里嘀咕着，一边向下推进。Me Box里面放些什么才好呢？环顾四周，我们除了拿几个大行李箱来到加拿大，便身无长物了。好怀念广州的家，小猪的房间里随便拎一件玩具都可以装进这个Me Box啊。没有办法，收起感慨，面对现实！

翻来拣去，总算尘埃落定。小猪放进了自己捏的海马，和妈妈一起上色的小仙子，还有小猪自己挑的一幅画。这幅画是小猪到加拿大以后画的，画的是她和外公正在一起玩。“有一天，我突然想外公了，我就画了这幅画”，小猪说。不过，外公千万不要看得太仔细。小猪只给你画了两根毛！

“很有创造力”！

10月29日，5岁的小猪终于迎来了人生中的第一个presentation——Me Box。一大早，小猪还念叨了一通头天强化操练的讲说辞，然后就很小心地捧着她的盒子坐上了校巴。放学一下校车，小猪飞奔而来，掩不住满脸兴奋——她是班上唯一自己画画装饰Me Box的小朋友，为此赢得了全班小朋友的鼓掌……因为大家认为“很有创造力”。

Me Box留在了学校，老师说要展示到下一个家长日，这让小猪觉得有点自豪。后来，我再有机会走进学校的时候，发现走廊上显眼处的玻璃柜里常年展示着孩子们的各种手工作品；每一次看，你都会有新的发现。

小小孩与妈妈共同完成的第一个presentation就这样圆满地画上了句号。

百日计划

"100 day project"（百日计划）是伊丽莎白·布兰坦小学下学期在全校范围内组织的一次大型的project项目。从这次全校规模的行动中，你能对加拿大小学这种"presentation"的氛围有更深的了解。

100天！

快，太快，弹指一挥间！转眼，小猪就要迎来在学校的第100天！2月初的一天，小猪放学带回来Ms. Cher的最新通知——2月12日将是孩子们这个学年在学校的第100天，为了迎接这个特别的日子，学校将要举行全校规模的"100 day project（百日计划）！"

百日计划的主题是——"100"！你可以采用任何材料、任何创意来表现"100"这个概念。比如，100个小圆点、100张卡片、100片雪花……

所以，你懂的，又是一个比拼脑洞的时刻。做个什么呢？创意要比较新颖，而且材料还要比较好找，米米和小猪费了不少脑筋。

娘俩商量了好几回，在家里翻箱倒柜找啊找，小猪想到了"纽扣"。嗯，不错！纽扣在Dollarama（一元店）就可以买到，可是，拿纽扣做什么呢？娘俩继续讨论，终于拿定了主意——做一棵纽扣树——结满了100颗纽扣的树。

接下来，列出材料：纸皮+画笔+纽扣+白乳胶；工序：剪刀+糨糊。说干就干，一个周末的早上，米米和小猪冒着大雪出门，采购回所有的东西。然后，小猪主力，米米协助，似模似样的纽扣树很快大功告成。

看着亲手搭建起来的纽扣树，虽然在成人眼里，这可能是相当简陋的作品，但是付出脑力与体力的小猪却相当满意，小心翼翼地包裹好纽扣树，一心盼望着“100 day project”的那一天！

各式各样的100

“100 day project”这一天终于来到。一大早，小猪抱着大大的纽扣树，蹬蹬蹬爬上了校车，其他几个小朋友手里也都拎着大大小小的袋子，看来，小朋友们的战果相当不错呢！

下午回来，小猪开始叽叽喳喳讲述“100”的故事。Room 5的同学们果然各有各的想法，有人画了100朵小花，有人带了100块小饼干，有人做了100张卡片……最佳作品被Jahmari获得。他做了一个小算盘，上面有100颗小珠子！嗯，果然是脑洞大开的作品。米米听着，也不禁心中点赞，很是佩服。这边厢，小猪早已经是抑制不住的满脸艳羡——Jahmari好厉害！好厉害！

“100 day project”的第二日，学校还特别以班为单位组织了小小的庆祝活动。整个学校的装饰也以“100”为主题，装饰了孩子们在这次活动中提交的各种各样的作品。有画着100个斑点的斑点狗，有100颗小珠子拼成的花，有100片叶子……

总之，100个人眼里有100个世界。“百日计划”不仅让孩子探寻了自己心中的世界，也让他们有机会看到别人眼中的世界……

Mugsy the Moose（驼鹿马格西）

"我是驼鹿马格西，我来自加拿大魁北克的特伦布朗（Tremblant）。我今年6岁，是一头成年驼鹿，体重超过1000磅，会长到8英尺高！今年冬天，爸爸妈妈让我到伊丽莎白·布兰坦小学来看看姑娘、小伙们都在忙些啥。请你们带我一块去冒险，让我把你们的故事告诉我的家人和朋友。谢谢！"

5月份的某一天，小猪从学校带回一个蓝色的大书包。打开一看，嗬！好大一只棕色驼鹿公仔！还有两大本图文并茂、厚厚的日志！日志的首页就是上面一段文字。

原来，这是Room 5一项新作业！小朋友们每人轮流邀请驼鹿马格西到自己家作客一周，然后，图文并茂地描绘出这一周和马格西的各种活动。

形式真有点儿新鲜，妈妈心下嘀咕。翻开前面小朋友留下的日记，内容果然十分丰富。有的给马格西洗澡，有的带马格西吃饭、睡觉；有的带马格西做运动、玩过家家……难能可贵的是，家长和孩子对待这项作业非常认真、投入！

马格西要和小猪共度一周！

Mugsy 在小同学家中的日子。

Mugsy和小猪在一起的一周。

校园里的 Presentation

5岁的小猪在加拿大小学丰富多彩的校园生活中，除了各种各样的课外旅行、手工作业，五花八门的presentation和国内学校相比，有非常大的不同。

在我不甚权威的认知中，presentation在国内义务教育阶段十分少见。可是，在加拿大，presentation文化看似从小就已生根。

五花八门的Presentation

小至小猪这样的Kinder garden的学生，大至高等院校，几乎每个学校、每个年级都少不了“presentation”这道菜。

在法语学校上一年级的Vivian，二年级上学期的第一个presentation主题是“Ma Famille”（法语：我的家庭）”。老师要求小朋友在一块大大的纸板上做一个“全家福”，拿着这个“全家福”向全班同学介绍自己的一家人，他们的性格、爱好等。

再过一段时间，碰到Vivian，小姑娘又拉着小猪，要求我们去试听她的另一个presentation——关于自己最喜欢的一个玩具的介绍。Vivian的爸爸说，老师要求介绍玩具的质地、产地、功能、特点以及你为什么喜欢它等；为了完成这个任务，Vivian爸爸特地带着小姑娘去了趟Toysrus（玩具反斗城），最终挑定一个可以用来绘制各种图形的小工具，作为

presentation的对象。

总的来说，低年级的presentation还停留在以“玩”为主。但是，到了高一点的年级，随着孩子们年龄的增长，“presentation”的选题开始变得宽泛，甚至有些选题与你学习的知识风马牛不相及。

法语学校四年级的Lisa告诉我，她所在的学校每年都有一个全校范围的大型presentation，全校学生一起参与，一起PK。上一年的presentation里，学校给出一个类似“白雪公主”这样的基础剧目，每个班在这个基础剧目的基础上自己编一段话剧。学校还请来了专门的摄影团队，将每个班编排的话剧拍下来。到了今年，学校的路数又改变了——给大家一段音乐，各个班的学生以这段音乐为基础，自己创作一个曲目，作为全班的presentation作业。

Lisa的介绍听得我顿感耳目一新。但是，还没完，有些学校的presentation是一些高大上得连成人都觉得复杂的问题。

省庆日

家住Snowdon的Maggie抱怨说，“presentation”是她最不喜欢的功课。她所在的学校有一位老师专门负责presentation。用Maggie的话来说，这位老师给分低，要求严，每次给出的题目也“非常难”。比如说三权分立的利与弊。

闻听此言，我再次受到惊吓。要知道，Maggie还只是一个10岁左右的小学生。国内在这个年龄，恐怕正忙着背老师指定的课文和算式，哪里会要求你思考如此高远宏大的人类话题……

不一样的思维

Presentation在西方国家如此流行，除了让人们更加能言善辩，更自如地表达自己的观点之外，到底还有哪些好处呢？在蒙特利尔的这段时间，每每接触到presentation，这个问题都会时不时地蹦出我的脑海。

在与不同人的交往、聆听他们的描画中，我心中的答案被慢慢勾勒出来。下面这个小故事也许是其中一个典型代表吧。

11月1日是魁北克的省庆日，又称St. John Festival。为了完成作业，我必须参加那一天的省庆游行，并采访参加游行的市民。可是，问题来了，魁北克是一个以法语为官方语言的省份，省庆日因此是一个主张魁省独立色彩强烈的节日，在那一天大部分人只讲法语不讲英语，参加游行的民众就更不消说了——相当一部分是尊崇法语文化的法裔后代。

对于只会讲英语和简单法语的我来说，这实在是件要命的事。

还好！听说我要去采访，小Maggie很感兴趣，自告奋勇要去当我的法语翻译。Maggie对于记者的工作既好奇又有点紧张，还没到目的地就已经开始“采访”我该问什么问题了。

我由着思路告诉Maggie大概要问的几个问题。小姑娘相当认真，迅速拿出纸笔做记录。末了，小姑娘问了一个令我意想不到的问题：“阿姨，第二个问题能不能和最后一个问题合并在一起？第一个问题能不能和第三个问题合并在一起？”

是了，从逻辑上来说，二、四问的是一类问题，一、三也完全可以合并在一起；我随口表述的时候，并没有思考其中的逻辑。但是，一个10岁的小学生这么快反应过来，并提出自己的看法，着实让我感到震惊。

小小年纪怎么会有这种思维？脑筋转几圈，我感到，类似presentation这样的活动在不知不觉中锻炼着孩子的思维，让他们慢慢学会独立思考问题，提出自己的观点。这可能是presentation对于孩子思维方面更深远的影响。

不得不说的是，思维方式的培养是长远的过程，因此导出的结果也是深远的。这也许可以在一定程度上解答为什么近年来诺奖的中国获得者鲜矣的问题。种瓜得瓜，种豆得豆，孩子就像一张白纸，你在他们心中播种下什么，将来就会收获什么。所以，此时此刻，我强烈感到：中国的教育工作者，尤其是义务阶段的教育工作者责任重大！

爱读书

为小猪挑选学校时，坐落于伊丽莎白·布兰坦小学的西蒙特利尔儿童图书馆让我们对这所小学有天然好感。果然，没多久，小猪便尝到了图书馆的好处。

图书馆日和旧书售卖

开学第二周，小猪从学校带回两本书，她兴冲冲地告诉我，今天是英语图书馆日，小朋友排排队到图书馆去借书。小猪挑选了两本自己感兴趣的书。虽然，看不懂英文，但小姑娘端端正正地坐在那里，看得相当认真。

再过了两天，小猪回来，带回两本法语书。一打听，原来，这一天是法语图书馆日，小朋友可以挑选两本自己喜欢的法语书。

图书馆在自家学校果然就是好！

11月到了，小猪从学校带回通知——Love-to-read month（爱读书月）开始！没几天，Ms. Cher通知大家，为配合这个月的“爱读书月”主题，学校图书馆要举行 used book sale（过期图书售卖）。话说，初来宝地的我们可算是家徒四壁，米米这两天正琢磨着要为小猪采购一些课外书以丰富她的课余生活。这下，可解决了我们的燃眉之急。

11月20日，一个周六的上午，我和小猪收拾停当，早早来到了学校。卖书的摊档早已经排开阵势，就在图书馆外面长长的走廊上，一字长蛇阵般地摆开。各种各样的书放在那里，等待新的主人。翻看价格，真心便宜！1刀、2刀，最贵的只要3刀、4刀。虽然是一大早，但有些家长比我们还积极，已经开始身体力行、翻翻拣拣了。

小猪很兴奋，两眼放光芒。东翻翻，西看看，吃着碗里看着锅里。可怜米米，呼哧哧背回了十本书。

趁着买书的机会，我走马观花地参观了传说中的“西蒙特利尔儿童图书馆”。小小的、很温暖的几间房子，装饰着不少孩子们的作品。一排排儿童书架上摆满了各式各样孩子喜欢的书籍。借书处的两位工作人员都是义工，是学生家长或是附近的居民。工作人员告诉我，图书馆不仅对学校的孩子开放，也向附近社区的居民开放。

麻雀虽小，五脏俱全——这成为我对西蒙特利尔儿童图书馆的第一印象。

高年级的同学会帮助低年级的同学，组成类似writing buddies（写作小伙伴）这样的学习搭档。小猪和她的writing buddies在学校。

去蒙特利尔植物园看“蝴蝶展”。

培养读书习惯

除了例牌的图书馆日，平日里，Room 5也非常重视读书。班上常设有book corner（图书角），孩子自由活动的时候，可以在这里自己看书。Ms. Cher告诉我，有段时间，小猪超迷一本叫*Chicha Chicha Bonbon*的书，每次自由活动都选择待在book corner把这本书翻上好几遍。

Ms.Cher 十分重视培养孩子们的读书习惯。小猪说，班里几乎每天都会有Ms.Cher主持的“story time”（故事时间）。有两次我到学校，正赶上“story time”。明媚的阳光下，孩子们围坐在地毯上，仰着小脑袋、津津有味地听Ms.Cher给他们读故事！

和国内一样，各类期刊、杂志社、出版社也把生意做到了学校。小朋友定期会收到这些机构发给学校的书单，勾选好自己感兴趣的书，父母备好零钱，就可以在班上收到书刊。

参观火车博物馆。

冬天的时候，学校甚至还组织过一次小规模的书展，孩子们带上钱，一个班一个班地轮流参观选购。书展不仅卖书，还顺带着卖些小朋友喜欢的零食。对于小猪这么大的孩子来说，这样可以自己花钱的活动实在是节日！

Chapter 4
外国小学
也有压力

生活在学校这个“小社会”，5岁小人儿也会遇到自己的烦恼和困惑……

家长会

8月底开始，11月中结束，眼看着这个学期就要告一段落了。10月底的一天，小猪从学校带回来一个白色文件袋。打开一看，喃！原来是家长会通知！

一个人的家长会

和中国的家长会真不一样！小猪的家长会原来是“一个人的家长会”——每位家长会被分配半个小时的时间，与老师面谈。

是不是每个学校的家长会都是这样的“一对一”VIP呢？了解一番，原来也不尽然。小猪的班级之所以能够给家长这样贴心的待遇，除了因为班上只有十来个学生，另一个很重要的原因是班主任老师Ms. Cher特别认真负责。

10月底的这张通知主要是向父母们确认家长会的时间。对对日程，米米勾选了11月8日下午4点的时间段。

这一天很快来到，米米如约而至。Ms.Cher早已在班上候着。首先拿到的是一张“学前教育报告卡”（Preschool Education Report Card）。上面清楚明白地标注着小猪的出勤情况（51个school days中，小猪缺勤4个）；最重要的当然是小猪的成绩以及老师的评语。小猪统统拿到“B”——“取得可观进步，达到课程要求”。

"Teresa自10月份入学以来，能够很好地融入班级生活，积极参加班级各项活动，努力做到最好，对小朋友非常友善；但是需要鼓励她更多地与大家分享玩具、图书以及电脑时间。Teresa还需要学会等待。在老师读书、上课或者处理其他孩子的事情时，要学会等待适当的时候向老师提要求（比如喝水）或者引起老师注意。总体来说，Teresa进步很大。"

到第二年的2月份，这样的家长会再次到来。这次，小猪的成绩依然全部是"B"。但Ms. Cher的评语已经有了不同——

"Teresa这学期英语水平明显提高，进步非常大。她还是需要继续学习如何与大家分享，排队纪律也需要加强，但是，已经有所改善！好样的！Teresa！"

虽然两次都没有拿到传说中的"A"，但是，对于小猪融入以及适应环境的迅速，米米已经相当满意。

好样的！Teresa！

澄清误会

与老师的面对面，我个人感觉，其实是一个了解孩子在校情况的好机会。爸爸妈妈平时的很多"心结"，可以在这个时候向老师打开，也许会听到不一样的答案。比如，小猪——

在加拿大这段时间，从陌生到适应，小猪为环境的"同化"能力其实是超出我的想象的。小姑娘平时看上去娇娇滴滴，但是，并没有对陌生环境产生太大的过敏。在小猪之后，我们楼里新住进一个其他国家刚到加拿大的小姑娘，因为年纪相仿，和小猪隔壁班。小女孩很不适应环境，足足有三四个月生生地一言不发，眼里闪烁的都是防备，让人看着真心疼。所幸，这样的情况并没有发生在小猪的身上。从开学第一天开始，她都表现得很喜欢这里的环境和氛围。但是，小姑娘也是有烦恼的，比如——交朋友！

五六岁的小人儿正是渴望友情、渴望交朋友的年纪。小猪概莫能外。不知道从哪天开始，小猪为交不到“真心的好朋友”烦透了！她常常向我诉说，在班上找不到好朋友，一会儿这个不玩儿了，一会儿那个又不理了！说到伤心处，更是眼泪汪汪——“妈妈！我怎么样才能交到‘真心的好朋友’？！”看着小小的人儿，汪汪的泪花儿，当妈的我也是真真着急，可干着急使不上力气！交朋友这事儿，只能靠自己啊……

但是，建议还是要有的。分析各种状况的前因后果，妈妈还是给出了所谓的“交友之道”。“也许，你可以试着更多和大家分享，不仅是书本、玩具；再比如，你会折纸飞机、剪雪花，可以教小朋友一起玩啊！”

然后，后果来了——

家长会上，说到小猪“交朋友”的烦恼。Ms.Cher安慰我：这个年纪的小孩其实都没有什么“真心的好朋友”，孩子们基本上都还没有固定的好朋友，常常是今天这两个扎堆、明天那三个成群。

“Teresa在班上交朋友的能力还是可以的！”Ms. Cher说。然后，话锋一转，“但是，可能有些小朋友觉得Teresa喜欢当小老师，教小朋友做什么事情”。Ms. Cher举例说，有一次，小猪在班上教小朋友折纸飞机，几个小男生特别着迷；一时间，整个班上纸飞机乱飞，到处都是飞着的、落着的纸飞机！

闻听此言，米米大惊兼好笑，原来我建议的交友之道真的被小猪付诸实践了呢，只是发挥出来的功效超出想象，便赶紧向Ms.Cher讲明前因后果。两个大人不由得笑得前仰后合。

唉，也许中国的“交友之道”真不一定适用于加拿大呢！总之——真不是个让人省心的孩儿！

交朋友

朋友，对于五六岁的小小孩儿，重要性是与日俱增的！很多时候，只要有了朋友做伴，最亲爱的妈妈也是可以置之不理的。所以，你懂的，交不交得到朋友、交到什么样的朋友，以及朋友圈的变迁，对于5岁小孩意义重大。

朋友圈

所幸，总体来说，小猪性格不算内向，盘点小姑娘的朋友圈，还是中外混杂、可圈可点的。

在我们住的这幢楼里，来自埃及的小男孩Mustafar和他的妹妹是小猪的好朋友。Mustafar一家比我们晚一两个月到达加拿大。父亲在康考迪亚读工程学的博士。因为留学的父亲，妈妈带着Mustafar和他的妹妹以及一个刚学会走路不久的小弟弟，举家前来陪读。

Mustafar比小猪大两岁，在伊丽莎白・布兰坦小学读二年级；小妹妹则在附近的另一所学校读幼儿园。三个小朋友每天都一起在楼下等校巴。这样的交集很快让小朋友们打成一片。紧接着，Mustafar的朋友，另两个埃及小男孩也成了小猪的朋友。小伙伴们常常相约一起到楼后的Coffee Park（咖啡公园）玩耍。到了第二年，另一个和小猪年纪相仿的小姑娘来到加拿大，也居住在我们这幢楼里。巧的是，小姑娘被分在小猪旁边的班，于是，两个小姑娘很自然地走到了一起，成了好朋友。

楼里的中国孩子也是小猪朋友圈的一大来源。比如，高兴、高一兄弟俩，小姑娘Vivian、开心等。小朋友们在一起，哪怕没有特别的玩具，也是兴高采烈的一天。

Hugo和他的小姐姐Claire是小猪在学校认识的好朋友。Hugo是Room 9的小同学。因为小猪是学校里罕见的黄皮肤，Hugo一下子发现了小猪。Hugo的爸爸妈妈非常热情。爸爸是此地土生土长的香港移民二代（不会讲中文也完全听不懂），母亲是新加坡人。于是，接下来的故事也就顺理成章了，Hugo一家热情地向我们发出“play date”的邀请。我和小猪几次获邀造访了Hugo的家，还参加了Hugo的生日会。

Play date（约玩）可算是小朋友们自发建立起来的友情桥梁。三两个小朋友私下约定放学后一起到某地，比如到公园玩耍；或者去某个小朋友的家里等。接到指令的大人们，往往就只能“一切行动听指挥”了。好几次，小猪从学校带回小同学的play date邀请，这也成为小猪朋友圈的另一个重要补充。

5岁的“小宇宙”

5岁小人儿的朋友圈看得我眼花缭乱。但是，更叫人眼花缭乱的是小猪与日俱增的“小宇宙”。

下学期的时候，小猪的朋友圈已经比上一年壮大了很多。在学校的时候，也基本上能够找到玩伴了。然后，问题也来了。

小猪的同学Dina有一段时间几乎每天都找小猪玩。但是，小猪这段时间一直有另外三个相对固定的朋友。小猪觉得，Dina总找她一个人有点烦，是个problem（问题）。

“Dina好烦啊！”小猪抱怨。连着几个晚上，米米从学校倡导的generous kid（大方小孩），到“己所不欲勿施于人”，对小猪晓之以义，想要说服她更加open（开放），和Dina做朋友。

某晚饭毕，又谈到Dina。天可怜见！米米好一番苦口婆心，循循善诱。没承想，最后时刻，小猪一番总结陈词扳倒全局，彻底粉碎了米米良好的自我感觉！下为实录：

I am me. Me is I. And I can make my own choice. With my head thinking of something, then I decide. Nobody can control me. Dina can make her own choice and I don't need to play with her. I can make my own choice. You can't decide what I'm thinking, and that's all.
（我就是我。我可以自己做决定。我自己思考，然后自己做决定。没人能控制我。Dina也可以自己做决定，我不需要和她玩儿。我要自己做决定，你不能决定我想什么。就这样！）

瞬间石化！“哪里学的？！”米米追问。小姑娘淡定回道：“自己想的。”

呃，真是好晕啊！！！语言是进步不少，可那颗蓬勃勃爆发的小宇宙是怎么回事啊？！！西方的教育要这么强调自我吗？！！

一刹那间顿感技穷，除开苦笑，米米简直不知道还能说点啥。怎么办？和小屁孩斗智斗勇为嘛这么高难度哟……

小猪和她的朋友圈。

给老师送礼

转眼圣诞将至，一位朋友好心提醒：可不要忘记给老师送礼！什么？在加拿大，也需要给老师送礼吗？闻听此言的我不禁大吃一惊，赶紧猛补功课，学习本地的师生文化。

说法不一

在加拿大到底要不要给老师送礼呢？一番恶补之后，我只能说，这是一个见仁见智的问题。

我的一位亲戚十多年前移居加拿大。他向我强调——千万不要给老师送礼。亲戚说，他的孩子（目前在蒙特利尔大学读大二）读书期间从未给老师送礼。“千万不要给老师送礼，尤其是现金”，这位亲戚说，一方面，送礼可能反会令老师可对你有负面看法；另一方面，教育部门规定老师不可以接受现金，送礼在某种程度上也会为老师带来麻烦。

亲戚的这番强调让我举棋不定，可是多再打听几回，却发现奉行“礼尚往来”的大有人在。不仅中国移民家长送礼、土生土长的老外也概莫能外。

“老师非常辛苦地照顾小孩，只是想向老师表示感谢”——这是我能总结出来的人们“送礼”的最主要原因。大家都送的氛围应该也是一些家长送礼的原因之一。但是，我个人感到，这个原因更适用于中国移民家长，而对于老外来说，他们送礼是因为他们想这么做，而不是因为别人已经做了。很多中国家长的惯性思维认为，万一没有送礼，小孩在学校会受到老师不公正的待遇，不过，据我多方了解的情况——即便家长不愿意送礼，也不用担心孩子受到不公正待遇。

为什么会出现这种与中国截然不同的“加拿大国情”呢？我个人感到，道德感、职业荣誉、社会氛围以及违规成本太大可能是包括老师在内的加拿大人普遍“守规矩”的重要原因。

送礼技巧

Anyway（无论如何），对于我这个“送礼”经验甚少的妈妈来说，“送礼”是个浩大而又富有技巧的工程。比如，送多重的礼？送什么样的礼？送哪几位老师……

不得不说，对于很多加拿大家长，特别是像我这样第一次送礼的家长来说，这个过程比较痛苦纠结。

礼物首先不能太贵重。如我那位移居此地十几年的亲戚所说，一方面，礼物太重恐怕就真的会有“行贿”之嫌了；另一方面，礼物太重恐怕也会被群起而攻之，有“搞坏市场”的嫌疑。

几位小同学的妈妈帮了我的大忙。有人主张送巧克力或者贺卡；也有人直接给出建议——送10元的Dollarama的礼品卡，又省事、老师又喜欢……

稳妥起见，求助万能的互联网。果然，让我发现——巧克力、礼品卡、Tim Hortons的咖啡券、超市的代金券等最受欢迎。

当妈的这边正被“送礼文化”普及得不可开交，那边厢，小猪已经回来带话——今天，Zella给每位老师都带了巧克力。

额！好吧，行动力！行动力！小同学们已经在行动了！妈妈决定速战速决，直奔Dollarama，扫下8张10元礼品卡，让小猪带回了学校。

加拿大的这次“送礼”让我感到，中国的“礼多人不怪”原来也是放之四海而皆为准。不过，和国内一个老师动辄300、500元，甚至更重磅的

“礼弹”相比，参照两地工资水平，我个人感到，向加拿大老师送的礼真的“象征”意味更浓。

感恩老师

收到孩子的礼物，老师都会很高兴，其实并不是因为礼物的轻重，重要的是，老师会感到孩子和家长在情感上的认同。师者，传道授业解惑也。在加拿大，老师是个受人尊敬的职业。不仅家长和学生会在重大节日自发向老师表示感谢，学校也会组织专门的活动，向本校老师表达敬意。

比如，眼下摆在我眼前的就是小猪学校的新通知——“教师感谢周将从2月24日开始！”

不过，国外的教师感谢周着实叫我吃了一惊。学校一般没有专门的经费进行这样的活动，可是，又希望能够对辛苦一年的老师们表示感谢。怎么办呢？学校于是将目光投向家长。

“一年一度的老师感谢周即将开始，我们需要您的帮助，和我们一道感谢EBS的老师和员工一年来的辛勤工作”，“今年的教师感谢周期间，家校委员会将举行早餐和午餐的会餐，我们希望能够得到您的帮助让活动圆满成功”，“我们还需要各类捐赠，包括抽奖和其他礼物，大小不拘”……

看到这里，我已经感到有点儿晕——这是号召家长捐款捐物的节奏么？

果然，下面有更为详细的备选项：午餐、早餐（家长们可以在指定的日子带去自己拿手的午餐菜式或早餐菜式）；抽奖（可以准备好捐赠的礼物并包装好，在指定日期前交回学校）等。

拿到通知，赶紧向本地家长打听。原来，很多学校的教师感谢活动都是这样“发动群众”的。当然，群众是否参与完全自愿，你如果是个大富豪，也愿意为老师们豪掷，学校当然求之不得；你如果压根不愿意参与，也完全没有问题。

本着“参与”的精神，我选择了“偷懒”的办法，第二天一早在小猪的Agenda里面夹进了20刀的小信封。

Teacher Appreciation Week Starts February 24th!

Once again, Teacher Appreciation Week is just around the corner, and we need your help to show our EBS teachers and staff how grateful we are for all they do.

Among the other activities planned for that week, Home & School will be hosting both a Breakfast and Luncheon again this year, and we are counting on your food offerings to help make them a success. We will also again need donations for the raffle: any gift, big or small, is greatly appreciated.

Luncheon
Wednesday, Feb. 26th

Breakfast
Friday, Feb. 28th

I can donate:

Please write what you will be bringing on the lines below.

Food

☐ Luncheon ________________

Please bring Luncheon dishes in on the morning of the 26th

☐ Breakfast ________________

Please bring Breakfast dishes in by the end of Thursday, the 27th

Raffle Donations ________________

Please have your donation items in and wrapped by the morning of Monday, Feb 24th.
Earlier is fine too!

Name: ________________

E-mail and Number: ________________

Thank you for your support!

学校里的捐款

众所周知，加拿大是个高福利的国家。但是，很多人不了解的是，加拿大同样是一个注重慈善捐款的国家。

名目繁多的捐款

如上文所说，小猪的学费真心便宜，一年只需要295刀。但是，平日里，学校隔三岔五地会有各种捐款。

捐款通知时不时地发来，家里孩子多的可就有点儿觉得是负担了。Mustafar的妈妈对捐款有很大意见，她家两个学龄孩子，每次捐款至少2刀，至少两人份。因此，提到捐款，Mustafar的妈妈颇有微词。

捐款的种类确实算得上五花八门，让我这个初来乍到的外国人也感到大开眼界。

每周的Free Dress Day（自由着装日）是例牌的2刀捐款。教师节、感恩节、圣诞节这样的重大节目是少不了的捐款日。隔三岔五，有救助弱势群体、支援图书馆等的捐款号召。有些呼吁你捐款，也有些可以接受“不易腐败的食物”，比如袋装或罐装的食品。

高年级孩子自发组织的捐款、义卖此起彼伏。印象中，小猪在伊丽莎白·布兰坦小学这一年，至少经历过三轮的“棒棒糖（Lollipop）义卖”。义卖是由三年级孩子发起来的，每次义卖持续一周。据小猪汇报，

6年级孩子的巧克力义卖宣传单——5毛钱一杯

每次上午和中午的大课间，三年级的孩子就开始出动，售卖各种款型的lollipop（棒棒糖），什么心形的、双层泡泡的、火箭的、铃铛的等。每每这个时候，我家小猪就止不住嘴馋，然后，后果可以想见了……

6年级的孩子也没少出动。"想不想暖暖身子！快来杯热巧克力配棉花糖！2月6日，周四，午餐时间！别忘了带钱——5毛钱一杯！"然后，小猪回家就开始要求——"热巧克力！配棉花糖！"

春季募捐

最大阵仗的一次捐款是全校总动员的spring fundraiser（春季募捐）。

3月底的某一天，小猪放学回来，满面春风地捧回来一大盒巧克力，共30块。什么状况？赶紧检查小猪的agenda，果然随行的还有一张通知。

原来，这是小猪学校的春季募捐。家校委员会是这次募捐的发起者，家校委员会在上一年已经组织过一轮春季募捐，看上去还比较成功，于是今年便卷土重来。今年的募捐计划是筹集4000刀，用来组织伊丽莎白·布兰坦小学的各种特色活动以及特色旅行。

还没看完通知，这边厢，小猪已经相当兴奋，连说带比画地向我描述了一大通——“巧克力2刀一条，自己想办法卖出去，比赛看谁卖的钱最多！”“卖不完的巧克力还要还回学校！”“卖得最多钱的人会得到大奖——最高奖项是一辆自行车！”“卖完一盒，还可以到学校再领一盒继续卖！”……

小姑娘好不容易比画完，扑闪着大眼睛，止不住满眼激动、兴奋地望着我。好吧，小朋友如此兴奋，米米怎么也得配合啊！

“干脆周末找个shopping mall 去兜售！就去Atwater地铁站上面那个购物广场？”米米建议。小猪歪着脑袋，想了想，表示同意。

可是，计划不如变化快！没想到，刚吃完饭，小猪学校高年级的小朋友已经咚咚咚敲开我家的门现场兜售了。一打听，两个小男孩比我们还迅速，竟然已经卖掉一大半巧克力！收到消息，小猪又是激动又是紧张，忙不迭地套上校服，挂上小钱箱，冲出门，要学两个小哥哥，在楼里挨家挨户地“扫楼”。

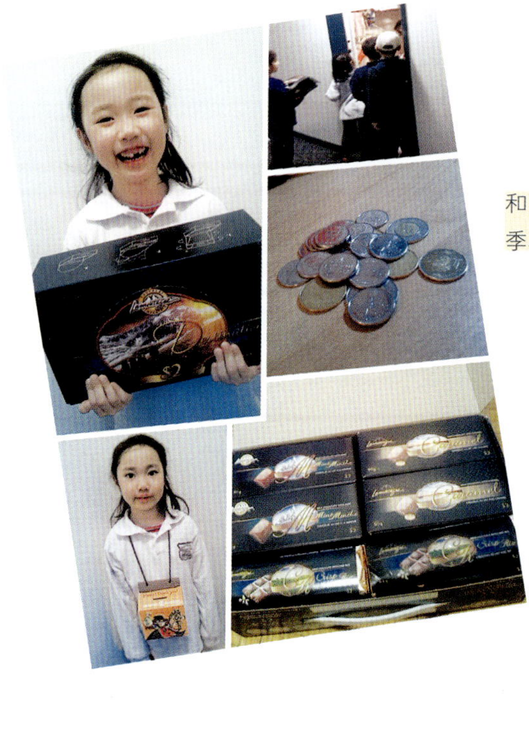

和小朋友一起“扫楼”的春季募捐让小猪乐在其中。

正碰上Mustafar也捧着巧克力，刚刚出动；小朋友于是会合在一处，一起向本楼的叔叔阿姨们发起强烈攻势！因为两个小哥哥早前已经扫过一轮，巧克力的受欢迎度大大降低。但是，不管怎么样，头一个晚上，小猪还是卖出去了6块巧克力，收获12刀！！

忙碌了整个晚上，楼上楼下不知道跑了多少个来回，小猪跑得满头大汗，真是累坏了！回到家洗漱完毕，小姑娘很快倒头呼呼大睡。看着小猪睡觉前数了又数的一堆钢镚儿，米米心中很是感慨：感慨小朋友敲开陌生人房门、不怕被拒绝的勇气，感慨学校用这种方式让孩子实践人生！

Peda Day（教学日）的考验

小猪千山万水来到妈妈身边，虽然不算波折，娘俩开启了异国求学的日子。但是，真正的考验也开始了。

在搞掂了小猪在学校的午餐和校服后，新考验来袭。

10月20日这天，小猪从学校带回通知——10月22日（周二）是peda day，学校放假！什么鬼？明明大周二的，竟然放假？！左右打探，原

带上物质食粮和精神食粮，小猪在peda day这天投奔向开心妈妈！

来，peda day全称pedagogy day（教学日）。这一天，老师们照常上班，专心在学校准备下一阶段的课，但是孩子们就要统统放假了。

在蒙特利尔，peda day的时候还真不少，比如后来的11月份，小猪学校整整弄出4个peda day，当然不算周末的正常双休。遇上这样的日子，上班族的爸爸妈妈怎么办？打电话到伊丽莎白·布兰坦求教，原来，学校针对peda day会提供专门的“daycare”看护服务，家长只需要将孩子送到学校并支付一定的费用就可以。可是，因为这样的“daycare”在学期初的时候才能申请，类似小猪这样的“加单”已经没有空位。

原来如此！可是，怎么办？妈妈周二9点30分要去downtown校区上课！

情急之时，楼上的开心妈妈伸出了援手——小猪可以在她家待上半天！感谢开心妈妈！套用托马斯的结尾：Hurray for 开心妈妈！You have saved the day！“开心妈妈万岁！你拯救了这一天！”

Chapter 5
美妙的节日

节日是孩子的欢乐时光，
美好的日子总是伴随
美妙的回忆……

难忘的万圣节

时间像扇动着翅膀的小仙女飞一样的向前一路小跑。在小猪和妈妈对新环境的适应中，10月这个油画般多彩斑斓的季节眼看就要溜走了。不过，不急，这个月最重要的日子——万圣节还没到来呢。

期待！

和其他地方一样，蒙特利尔的万圣节在10月31日的晚上。西方社会的古人认为，恶灵会在每年的10月31日夜晚重返人间。为了驱逐恶灵，人们会将房子里的炉火和烛台熄灭，将房子弄得很荒凉，好像没人居住，这样恶灵就不会进屋去。他们也会故意穿得很邋遢，看起来很丑，这样恶灵就不愿意接近他们了。另外，他们还知道恶灵害怕噪音，于是便穿着奇形怪状的服装上街游行……据说，这就是西方万圣节的由来。

万圣节是地道的孩子的节日。在国内的时候，小猪所在的幼儿园每年都会举办万圣节Party——在万圣节附近的某个晚上将装扮了各种万圣节装饰的幼儿园向孩子和家长开放，请孩子们一起trick or treat（不给糖就捣蛋）。不过，加拿大根正苗红的万圣节到底是什么样子呢？我和小猪满心期待。

小南瓜

果然，原产地和舶来品是有差别的。虽说我们在国内已经操练过大大小小几轮“万圣节”，可是身处加拿大，你才真正感受到万圣节的气氛。

10月中旬，小猪学校的万圣节已经开始预热。Ms.Cher带来通知——Room 5的小朋友要去市场挑选南瓜（每人2刀），制作万圣节必不可少的庆祝南瓜。

再下一周的某一天，小猪回来兴奋地告诉我，全班小朋友步行到离学校不远的一个市场挑选了南瓜。“Shreya挑了一个超级大的，搬都搬不动。Zella挑的南瓜不太好看……”小姑娘好一番评论，最终得出结论：“妈妈！我觉得我挑的南瓜最漂亮！不大也不小！”再隔了不几日，Ms. Cher就交代家长给孩子带塑料袋，好把装饰好的南瓜带回家——一看，果真就是一个花里胡哨的抽象派南瓜！

为了迎接特别的日子，Room 5的孩子还特地学了一首与万圣节有关的歌谣，南瓜正是其中的主角。

Five Little Pumpkin （五只小南瓜）
Five little pumpkins sitting on a gate. 五只小南瓜坐在大门口。
The first one said, "Oh, it's getting late! "第一只说："哦！时候不早了。"
The second one said , "there are witches in the air! "第二只说："看天上有个女巫。"
The third one said, "but we don't care! "第三只说："但我们不在乎。"
The fourth one said, "let's run and run and run! "第四只说："我们一起跑吧！"
The fifth one said , "I'm ready for the fun! "第五只说："我准备好享受这乐趣了。"
Ooooh, with the wind and out with the light. 哦！一阵风吹来伴随着一道亮光。
And the five little Pumpkin rolled out of the sight. 五只小南瓜滚了出去。

走在路上，万圣节的味道已经弥漫在空气中。各家门口大大小小、咧嘴笑的南瓜；随意散布在院子里、窗台下的白色人骨；做出邀请姿势的断腿小假人……最惊悚的是，某天晚上，我和小猪散步归来，路上竟发现有人把自家的窗户当成了大大的投影屏幕——灯光倏忽全灭后，借着"夜半歌声"式的音响效果，半明半暗中突然出现一个嘴角滴血的剪影的人像侧影。黑夜之中我骇然失色，拉起小猪跳出五步远！等到反应过来，娘俩都觉得好笑，感到那窗影后面的主人可能也正兀自偷偷发笑呢。唉——这稀奇古怪的加拿大文化啊！

trick or treat（不给糖就捣蛋）

真正的重头戏来了！

10月30日的晚上，小猪已经在家里试好了第二天预备穿到学校的一身行头——粉红超人！从衣服到裙子，从腰带到靴子，一切装扮停当，小姑娘在房间摆出各种耍酷的姿势，满心期待着第二天的到来。

第二天一早，小猪拎着"粉红超人"爬上校车，奔向学校。这一天，学校准备了万圣节的庆祝活动。精彩处我是无从知道了，但是，下午当小猪兴奋地冲向我时，我便知道这定是多彩的一天。

打开书包，一大袋平日里要和妈妈斗争好久才能得到的糖果、薯片、巧克力让小姑娘两眼放光芒。嘴里还忙不迭地述说着学校里的各种见闻——有人扮成了公主，有人扮成了海盗、只有一只眼睛，Ms. Cher今天扮成超级搞笑的大南瓜，连耳环都是小南瓜……

但是，所有这一切还只是开始。要知道，这一天的重头戏在晚上。

晚饭匆匆忙忙在5点钟结束，剩下的时间便要留给今晚的高潮——trick or treat!

5点30分，一堆小小孩已经在大人的簇拥下在楼下集合了。每个人都穿着自己的战袍，每个人都拎着自己的小南瓜。

可天公不太作美。天是灰蒙蒙的，甚至大大小小的雨点也来凑热闹。不过，还有什么比得上那屋子前站着、挂着、闪烁着的南瓜灯？还有什么比得上那小手揿响陌生人家的门铃，一声“Happy Halloween!”换来的各种各样的糖果？

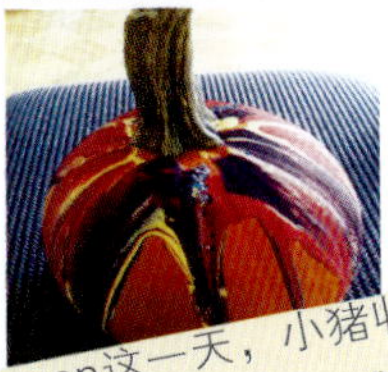

Halloween这一天，小猪收获颇丰！
这个夜晚给小猪留下了难以忘怀的回忆！

一条街，两条街；一户人家、两户人家……一群又一群小人笑着、闹着、跑着、欢呼着，冲向各家的门口，雀跃地捧回自己的战利品。人流会合又分散，可是孩子们还在不知疲倦地走，不知疲倦地寻找南瓜灯。

9点钟的时候，终于game over了，小猪带回的战利品多得让我吃惊。在这一天，人们对于孩子相当地慷慨，有些人家因为派完了糖果，甚至直接塞1-2刀到孩子的口袋。

细雨如飞丝，在窗外昏黄的灯光里静静飞舞。这实在是一次难得的体验，这个飘洒着微微细雨的万圣节的夜晚。躺在被窝里的小猪仍然沉浸在兴奋中，不知满足——妈妈，明天还能trick or treat吗？

万圣节糖果！小心！

万圣节糖果让初来乍到的我们倍感新鲜，但是，事实上，按照后来一些朋友的提示，我们其实是有那么点儿无知者无畏的！

万圣节上陌生人向小朋友派发糖果虽然是国外的传统习惯，但其中也可能隐藏着风险。比如，我的一位同学在听完我的万圣节经历后，就特别提醒我，曾经有一位老太太，不知道心里存在着什么古怪，在派给小朋友的万圣节糖果中竟然掺毒！所以，同学给出我当地人的通用做法——

小孩要回来的糖果，家长先检查一遍；
不要随便吃散装的或来源不明的自制糖果；
如果发现糖果包装破裂、有小孔，看起来可疑，应立即把糖果扔掉。

听完是不是有点毛骨悚然的感觉？！好吧，防人之心不可无，家长多多注意总是有利无害不是么？

万圣节上的“坏人”其实真的是空穴来风未必无音。我和小猪回国后，第二年的万圣节就真的有了“坏人”出没的证据。万圣节前夕，加拿大警方在Facebook上发出公告——上图中的“candy”（糖果）绝不是什么万圣节糖果，而是新型迷魂药摇头丸，过多服用足以致命！这些药丸被做成了骷髅、骰子的样式。但是，记住：可看不可吃！这些摇头丸吃后能让人兴奋，但随之而来的是各种副作用：心率血压增加、肌肉紧张，恶心、视力模糊、头晕、盗汗……

唉！又是毒品……

国殇日 小红花

不知道从10月份的哪一天开始，走在加拿大街头，我和小猪都发现很多人胸前佩戴着一朵小红花。超市前、地铁站甚至路边，还有人在兜售这种小红花。原来，11月11日是加拿大的国殇日，小小红花就是加拿大出名的“红罂粟花”。

泣血的小红花

国殇日，在加拿大也叫Remembrance Day，是加拿大的阵亡战士纪念日。

据史料记载，1914年8月4日，英国向德国宣战，参加第一次世界大战。当时加拿大是英国殖民地，因此在英国对德宣战后，加拿大自动参战。作为一个人口只有800万人的国家，加拿大总共有将近62万人参加“一战”，其中6万多人牺牲，超过17万人受伤。1939年9月1日，德国入侵波兰，第二次世界大战爆发。在英法对德宣战一周后，加拿大政府于9月10日对德国宣战。当时，加拿大的人口约为1150万人，参战的约有110万人。后来4万多人战死沙场，超过5万人在战争中受伤。

第一次世界大战于1918年11月11日上午11时结束。1931年，加拿大国会正式通过每年的11月11日为国殇日（Remembrance Day）的决议，以纪念那些在“一战”、“二战”及其他战争中牺牲的加拿大军人与平民。

孩子们经过的教室走廊两边布置了小红花。

朋友告诉我，基本上每年10月开始，就会有人将这些红罂粟花佩戴在胸前靠近心脏跳动的地方，以纪念那些阵亡的将士。佩戴小红花的举动最早源于民间。“一战”期间，一位加拿大军医约翰·麦克雷（John McCrae）来到比利时西南佛兰德斯战场，他在救治伤员的同时，还负责掩埋阵亡将士的遗体。他目睹了战场上尸横遍野的惨状，也看到春天无名战士墓地上红透半边天的罂粟花。1915年10月18日，他在一张碎纸片上写下只有十几行的诗歌《在佛兰德斯战场》（*In Flanders Fields*）。这首小诗深深打动人心，在民间广泛流传。1918年，一个叫Monica Michael的美国教授读到此诗，深受鼓励，开始佩戴罂粟花来纪念阵亡将士。这一举动慢慢在美、加两国流传。不过，可惜的是，1918年，约翰·麦克雷自己也因为伤寒不治，永远躺在了弗兰德斯原野。

1920年，一个叫Madame Guerin的法国妇女访问美国，了解到这个习俗。回到法国，她决定亲手制作罂粟花募捐资金，以用来资助战争受难地区的贫困儿童。到1921年11月11日，加拿大退伍军人协会首次在第一次世界大战停战日，为纪念阵亡将士而佩戴罂粟花。

热心的民众

上面一段历史是妈妈为了给小猪答疑的临时恶补。但是，当你在了解了这小小红花背后凄美的故事，回头再看看街头流动在人们胸前的那一朵朵红艳艳的小花，每次都会感到一股暖流在心间涌动。

不论是超市门口穿着制服、向大家募捐资金的Cadets（军校学生），还是Tim Hortons柜台上静静躺在那里等你将它们带回去的小小红花，抑或是路上偶遇、挂满勋章的Veteran（老兵）被热情的路人邀请合影……你能感觉到，人们对那些为国家做出贡献的将士的敬意发自内心。康考迪亚大学的一位教授告诉我，每年大约会有1800万朵红罂粟花被售出，收入全部捐献给那些需要帮助的老兵和他们的家人，国殇日为民间的追捧可见一斑。

很多民间活动围绕“国殇日”在11月展开。比如，我所在的蒙特利尔每年都会在麦吉尔大学举行纪念活动。朋友说，11月11日的11点11分，人们都会默哀两分钟。那时，全加拿大境内的经济活动都会停止。火车、轮船停运，机场停止起降，生意人也要停止生意为阵亡将士默哀。

不过，在国殇日这一天，当举国沉浸在哀思的同时，也有不同的声音响起。比如，在国殇日纪念活动现场附近也会出现反战人士举行的抗议活动。我想，这可能正是加拿大多元文化的一种体现吧。

持续一两个月、全民动员的国殇纪念对于小孩子的影响可谓潜移默化。

小猪所在的Room 5专门请来一位bagpiper（风笛手）为大家表演，讲述小红花的来历。伊丽莎白·布兰坦小学11月为国殇日特地制作了新的板报。一圈红艳艳的小红花静静伫立在孩子们每日必经的走道上。小猪最喜欢的老师Ms. Cher整个11月都在胸前缀着一朵小小的红花……所有这一切，都让小小红花在小猪脑中留下了深刻的印象。第二年我们回国后，又到11月，当小猪的朋友Hugo发来他在国殇日与老兵的合影时，小猪又开始念叨Ms. Cher胸前那朵小红花……

In Flanders Fields

In Flanders fields the poppies blow
Between the crosses, row on row,
That mark our place; and in the sky
The larks, still bravely singing, fly
Scarce heard amid the guns below.
We are the dead. Short days ago
We lived, felt dawn, saw sunset glow,
Loved, and were loved, and now we lie
In Flanders fields.
Take up our quarrel with the foe:
To you from failing hands we throw
The torch; be yours to hold it high.
If ye break faith with us who die
We shall not sleep, though poppies grow
In Flanders fields.

麦吉尔大学的纪念活动。

在佛兰德斯战场

在佛兰德斯战场上，罂粟花随风飘荡
十字架林立的墓地
就是我们居住的地方；
勇敢歌唱云雀仍在天空中翱翔
枪声却不再作响
不久前，我们战死沙场
我们曾经活着，感受过黎明和傍晚的霞光
我们曾经为人所爱，
现在我们却长眠于佛兰德斯战场
我们要继续与敌人战斗：
你从我们垂下的手中接过火炬
并把它高高举在手中
如果你背弃我们的遗愿
即使罂粟花开满了佛兰德斯，我们也不会安息

红艳艳的罂粟花被人们佩戴在胸前。

博物馆日

人在蒙特利尔，如果不到这座城市大大小小的博物馆走一走，那只能说，你错过了这座城市。也因为这样，在这座艺术气息浓厚的城市，博物馆日是深受民众追捧的节日。

地球人爱免费

5月26日是每年蒙特利尔的博物馆日。博物馆日的福利在于，这一天城内几乎所有的博物馆，不拘大小，全部免费。

早在前一周，“免费大餐”的消息就已经在几个朋友圈里流传。我和小猪当然也不会错过。8点45分，娘俩兴冲冲出门，碰到倒垃圾的邻居。听说我们要去“博物馆日”，邻居直言：“You’re getting late！（要迟到啦！）”心中顿感一凉，但是，享受加国免费福利的贼心还是不死。

9点30分，一大一小两个人已经赶到现场，这才明白邻居那句“要迟到啦”原来真心不是调侃我们。

烈烈阳光下，乌泱泱的人群霎时惊到我们。长叹息一声：地球人爱免费哪！！无法，只能老老实实找到队伍的尾巴，加入等待大军。

实在是阳光明媚的一天！20分钟后，紫外线已经让我和小猪感到难耐。目测、问询、估算多种测量方法后，我们清醒意识到，坚守的可能性约等于零！

博物馆日，我和小猪乘兴而来，扫兴而归。烈烈阳光下，乌泱泱的人群着实惊到我们。

两个人于是自动放弃，转赴Atwater 地铁站的商场，一大一小各扫货一件，聊作安慰。

总之，博物馆日这一天我和小猪相当失败，完全没有、也没有机会融入蒙特利尔博物馆日的欢乐气氛中。但是，确实有人全家出动，做足攻略，在这一天走马观花，一气看上三四个，甚至四五个博物馆。

博物馆的workshop（工作坊）

虽然没有享受到博物馆日的免费福利，但是，在蒙特利尔这一年，我和小猪加起来也去过大大小小数个博物馆。比如，植物园、科技馆、艺术展览馆、火车展览馆、昆虫馆等。

虽然不太说得上有多大收获，但是，博物馆确实丰富了我们在异国他乡的生活。小猪有段时间对“Montreal Museum of Fine Arts”（蒙特利尔艺术博物馆）非常着迷，我们有段时间甚至每周末都会进去流连一番。

这家博物馆离我的学校很近，为了吸引小朋友，博物馆专门设有儿童区，每周末都会有志愿者和工作人员举办各式各样免费的艺术类workshop，包括画画、手工等各类我家小猪超级喜欢的活动。

小猪的艺术细胞有没有因此发达？这个，恐怕就不太乐观了。虽然，米米总是怀抱无限憧憬，希望艺术大家的巨作能够刺激到小小人儿的艺术细胞。但是，但是，真相总是残酷的。

某个周末，我和小猪又在馆里瞎逛。走到某位大师的自画像前，小猪停下脚步，歪着脑袋看了好一会儿。米米心下窃喜：小姑娘说不定突然开窍了呢！可是，没有想到的是，安安静静的画馆里，小人儿陡然爆出刺耳的笑声："Silly！"（傻！）小猪说，"他（竟然）给自己画了三个眼睛！"唉，那一刻的米米真真是五味杂陈……

圣诞节

异国他乡的日子一天天溜走。每天晚上，妈妈准备好两人份的午餐饭盒；每天早上，小猪和妈妈8点30分来到7400楼下等候校车；每天下午3点50分，妈妈准时离开Loyola校园的图书馆，站在Patricia街口迎接小猪归来……忙碌又充实的日子总是走得太快！当街道两边红红黄黄的叶子一片片飘落，这座城市最重要的节日——圣诞节向我们走来！

圣诞巡游

画面上，看过很多次国外的各种嘉年华、巡游，心中总是好奇。来到蒙特利尔，这样的盛事一年好几回，就在身边，比如7月份的省庆节日巡游、一年一次的同性恋巡游以及眼下的圣诞巡游。

怀抱旅行看风景心态的我们，当然不能错过这样的城中盛事了。就在11月24日这天，蒙特利尔最繁华的商业街——圣凯瑟琳大街上（类似广州的北京路），众多商家举办的圣诞巡游声势浩大地拉开了。早上9点多钟，道路两旁已经挤满从四面八方赶来的人们，五颜六色的花车和盛装的人们组成庞大的巡游队伍，弯弯曲曲绵延了整条街道。我和小猪雪衣雪裤全副武装出门、“公交+地铁”地赶到圣凯瑟琳大街，兴致勃勃地挤在涌涌的人群中。

朋友告诉我，随着这场圣诞巡游，蒙特利尔大大小小的商家就进入到真正的圣诞特卖中了。圣诞巡游后，很多市民举家冲进圣凯瑟琳大街两旁的购物中心开始圣诞大采购。

果然，在地广人稀的蒙特利尔，这天圣凯瑟琳大街的人气相当旺，热闹的巡游队伍让我们着实好一番围观。奈何，熬不住室外零下二三十度的严寒，我和小猪冲进一旁的商场。

不出意料，圣诞暖场此起彼伏。各色“SALE”标志映满了眼。艺术广场的圣诞亲子活动也拉开了帷幕。音乐喷泉开放了，小火车、充气滑滑梯、彩绘涂脸、给圣诞老人写封信……各种玩乐项目已经在商场中厅围成一个大圈。每到整点，还会有吹吹打打、载歌载舞的卡通人物簇拥着圣诞老人全场巡游！

在蒙特利尔这样一个冬天大雪封城的城市，足不出户的室内玩乐让小猪兴奋得连妈妈都不要了。

这一天的亮点是给圣诞老人写信。现场真的站立了一个大大的邮筒。孩子们把自己的圣诞愿望写下来，放进邮筒，然后——据说，愿望就能直达圣诞老人。

“圣诞老人会回信给我吗？”晚上回到家，冲完凉，躺进被窝，小猪又想起了她的信。

音乐会

12月23日开始，蒙特利尔的人们将迎来为期两周的圣诞假期。尽管假期还没有开始，但是圣诞节的气氛已经越来越浓。伊丽莎白·布兰坦小学的孩子们正忙着准备一场全校规模的学校音乐会（school concert）!

Room 5表演的曲目是《音乐之声》。11月开始，孩子们已经在音乐老师的带领下认真排练。音乐老师是一位从阿尔巴尼亚移民此地的帅哥，他不仅是Kinder garden两个班孩子的音乐老师，还是全校其他年级的音乐老师，工作量可以想见相当不小。

12月22日，学校音乐会正式开始。平日里用来体育活动的gym（体育馆）成了天然的演出大厅。随着人流走进gym，一抬头就看见小猪和同学们站在台上，有些无聊地左看右看，等着第一个表演。台下是黑压压的亲友团，家长们倾巢出动，各种肤色坐满了gym，现场气氛相当热烈!

都说蒙特利尔是座艺术的城市。在这所城市一年多的短暂停留让我们充分感受到，音乐是这座城市一抹浓重的色彩。

体育馆里的学校音乐会。

Room 5的班级音乐会。

教堂音乐会。

CUSP为留学生爸爸妈妈准备了丰富的晚餐，每位小朋友还收获了圣诞老人丰厚的礼物！
1月6日，两周的圣诞假期终于结束。虽然和小小孩厮混的日子叫人抓狂，但是毫无疑问，它会是我人生中难忘的一段某年某月。
但是，还是要吐槽，终于理解为什么《大话西游》里的悟空为什么会被唐僧叨叨得走火入魔了叨叨，叨叨，叨叨……

且不消说，一年一度的爵士乐节（Jazz Festival）、圣诞节这样的重大节日总是充满了歌声的日子。

很多学校都会举办像伊丽莎白·布兰坦小学这样的校际音乐会，全由孩子们担纲主演，演出稚嫩但是温暖。事实上，在圣诞音乐会之前，伊丽莎白·布兰坦小学还举办过一次爵士音乐会，演出相当成功，收获了家长们毫不吝啬的掌声。

甚至班级也会举办自己的音乐会，比如Room 5。在学校的圣诞音乐会之前，12月的某一天，Room 5还举办一次自己的小型音乐会。Ms. Cher竟然请来一位儿童歌唱兼作曲家Isabella驻班演出。老太太说，自己对儿童音乐的爱好是在给孙女表演的过程中找到了感觉，进而发掘出人生的又一春。老太太自己发行了一张CD唱片，在Room 5毕业日那天，还给每位小朋友送了一张唱片。

教堂也会举办大大小小的圣诞音乐会。我们居住的7400附近的一家教堂，某个周末的晚上也举办了这样一场社区音乐会。演员基本是附近的社区居民，但水平相当不赖。教堂敞开大门欢迎所有人参加，现场有人拿着小篮子募捐，接受现金，也接受各种不易腐败的食品。

2013年最后一天，小猪和妈妈在老港的圣母大教堂（Basilique Notre-Dame）仰望到教堂穹顶上瑰丽的蓝天……
异国他乡，我们的生活从没有完美。但展望新一年，我们希望——眼睛看到的还是美！

丰富多彩的社区

在加拿大生活一年多，日常真正高频度融入我们生活的可算社区。不论住地附近一所又一所的公园，抑或社区层出不穷的各种活动，因为这些完善的设施以及丰富多彩的活动，即便不是节日的日子也时时让你感到灵动的新意。

公园！公园！

“公园真多！”小猪到加拿大不久就欣喜地发现。可不是，以我们住地为中心，半径在步行距离的公园大大小小加起来足足有六七个之多。每个公园都有直饮水设备和各种体育设施，包括滑梯、攀岩、跷跷板、monkey jump（猴子跳）……一些大的公园还附带球场、露天游泳池。

公园的体育设施由市政部门定期更换。比如，我们楼下的Coffee公园在8月份的时候被翻新维修，更换了很多新器械。当时，市政部门向7400大楼里的每位住户投递了维修公园的通知，并告诉大家公园会在10月初重新开放。

公园在孩子们的生活中扮演着很重要的角色。楼下的Coffee公园常常有各种肤色的孩子登高爬低。也许是因为加拿大的孩子有很多这样的“撒野”机会，身手看上去格外矫健。和小猪一样年龄、5岁大的孩子已经在monkey jump、攀岩这样的难度系数较高的器械上灵活自如。而刚到加拿大的小猪却仍然需要大人的帮助。好在，近朱者赤，经过大半年的摸爬滚打，到我们离开加拿大之前，小姑娘也已经成为此中高手。

总之，幸亏楼下的Coffee公园，每当小猪精力爆棚、需要“活动”的时候，Coffee公园里一番爬上爬下总能帮助妈妈解决问题。Coffee公园也成为小猪找到玩伴的好地方。天气晴朗的日子，小猪每次坐校车回家后，都要约上小朋友在Coffee公园玩上好一阵。

人们在社区活动上表演传统舞蹈。

充满欢乐的Family Picnic（家庭野餐会）。

社区活动

不得不说，蒙特利尔的社区文化比较“特别”。

尽管被称为“北美小巴黎”，但实际上蒙特利尔并不是一个非常“现代”的城市，比如城市建筑上，走进社区，你看到的多是一幢又一幢低矮的小别墅、小楼房。除了市中心，高楼大厦其实并不多。也因为这样，每个社区居住的居民也不多。我几次造访小猪同学家时，不经意间发现，社区里左邻右舍原来都十分熟络。

难怪有人说，社区是西方社会的基础；难怪国外的社区报相当盛行。推本溯源，社区的紧密是培育这种社区文化的土壤。

社区文化的丰富让旅居此地的外国人印象深刻。

蒙特利尔一年一度的爵士乐节、国庆节的时候，各个社区的爵士乐节以及庆祝活动也在一些大公园里此起彼伏；国庆日的时候，7400附近的社区甚至还自己举行了一次小规模的国庆巡游。虽然比不上全城巡游的规模浩大，但是附近居民纷纷打开房门夹道欢迎，路边的商家也不失时机地摆放出饮料冰品，送给人们免费品尝；人们在欢迎的队伍中呼朋引伴，气氛相当热烈。

Family Picnic（家庭野餐会）是另一种广受欢迎的社区活动。夏天的时候，我们带着来加拿大旅游的外公外婆一起参加了伊丽莎白·布兰坦小学附近社区举办的Family Picnic。野餐会上不仅有充气城堡、涂脸、掷圈圈、钻山洞等各种各样适合孩子们的玩乐项目，还有比萨、热狗等简餐供应。周围的居民热情响应，纷纷携老带小地捧场。特别有意思的是，消防队也因为这次规模较大的社区活动，特地调来了一辆消防车在现场候备。这样的阵仗，着实让生于中国、长于中国的我们感受到了不一样的“加拿大国情”。

Chapter 6
蒙特利尔的
冬天

无趣的眼里永远是无趣；
有趣的眼里永远是有趣。
如果你不能爱上蒙特利尔的冬天，
你便无法爱上这座城市！

雪乡——蒙特利尔！

冬天来了，在蒙特利尔这个呵气成冰、零下数十度的城市里，雪是孩子们最好的玩伴。从蒙特利尔的第一场雪开始，从没有见过雪的小猪欣喜地发掘出一个又一个关于雪的乐趣。

第一场大雪

12月中旬的一天早上，拉开窗帘，嗬！下雪了！迎接我们的是一个银装的世界！在经过前几天两轮似有若无的“毛毛雪”，Montreal冬天真正的雪终于来到我们眼前！

就这样，不声不响地飘洒了满天，整个城市仿佛在一夜之间被装进了冰雪的世界。黄色的铲雪车张着大嘴，一路小跑、颠颠簸簸从我们窗前经过，像极了小猪故事书里轱辘轱辘转的黄色小斗车。

不经意间一瞥，就看见覆上厚厚白雪的小路被堆出漂亮的线条，弯弯曲曲向前延伸；间或路边尖尖的屋顶露出一角红砖……有那么一霎，你仿佛觉得童话的场景被搬到了眼前。

雪，厚极了，足有小猪膝盖高。就这样，奇奇妙妙地飘洒下来，成了最好的玩伴。走在雪地里去听教堂的音乐会，去搭地铁、坐公交……

风刮在脸上带来尖锐的感觉，雪踩在脚下咯吱吱作响，回头看看，雪地上已经留下大大小小的脚印……怎能辜负了这样美妙的雪，怎能辜负了这Montreal的冬天？

装在雪服里

从11月开始到第二年的4月，我们停留在蒙特利尔的这一年，冬天占据了这个城市几乎一半的时间。早已经久仰蒙城冬天的鼎鼎大名，但是，身临其境还是有那么几分不真切。

3月底的一天，在楼里碰到一位从上海来此地带孙子的老太太。提到天气，老太太直抱怨：来了半年，还没出冬天，简直就是噩梦！

当地人用“emo”来形容蒙城天气的多变，对应的大概就是中文的“变态”。天气到底如何“变态”呢？4月中旬的某一天，头一天还是20多度的天气，可是到了第二天，气温已经降至零下7度兼雨加雪！确实“变态”得令人发指！

所以，冬天里孩子们基本都被包裹在厚厚的雪服（snow suite）、雪靴中。因为冬天寒冷，加拿大的雪服，尤其是孩子们的，特别讲究。有稍薄一点的专门针对零下15摄氏度天气的雪服，还有厚实的专门针对零下30摄氏度天气的雪服。两种雪服的共同特点就是——挡风！因为蒙城冬天的风实在太厉害，是刺骨的冷，因此雪服的面料普遍织数相当高，且经过特殊处理，挡风功力极强。也因为这样，雪服普遍很贵，适用零下30度天气的儿童雪服，每套折合人民币通常需要1000多元。

除了雪服，雪靴也是孩子们过冬的必备。和雪服一样，雪靴也按温度划分，有适用零下15摄氏度的，也有适用零下30摄氏度的。不仅保暖，此地的雪靴还有特殊的“抗盐”功效。因为冬天里大雪实在太厚，市政部门常常不得不四处撒盐除雪；盐虽然能加速积雪融化，但是也会腐蚀你的鞋底。所以，蒙特利尔冬天的鞋子普遍有抗盐功效。

简而言之，蒙城的冬天是全副武装的冬天！为抵抗寒冷的天气，小猪整个冬天都被包裹在适用零下30摄氏度天气的雪服、雪靴中。每回出门前，小猪披上战袍的那一刻，米米都仿佛看到《花园宝宝》里的汤布利伯。

知道吗？小猪！穿雪服的你，像极了汤布利伯！只是，若干年后，当你长大，还会记得这段汤布利伯的日子吗？

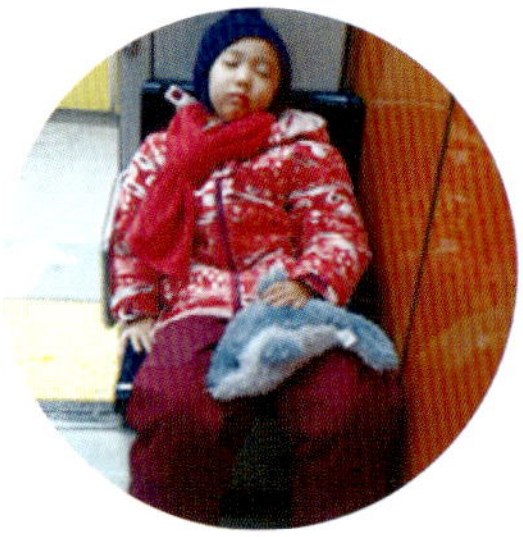

Snow runner（滑雪道）

又是一夜大雪，整个城市被裹上厚厚的白雪。7400楼后夏天用来踢球的草坪变成了一大块雪白的地毯。因为有着天然的坡度，雪中的地毯被发掘出崭新的玩法——雪道。

楼后的雪道

当我和小猪第一眼看到这种玩法时，猎猎冷风中着实新奇地围观了好一会儿——小朋友坐在一个塑料制的小船或大圆盘里，双手扶紧，用力从坡底滑下，在雪地上“嗖”地划出一条又一条长长的轨迹。

和小猪在风中排队半个小时，终于玩到灯光节上相当刺激的snow runner。

如此好玩的东西怎么可以错过？娘俩兴冲冲赶到AtWater的购物中心，果然，在Canadian Tyre找到一个一模一样的大家伙——Snow runner，一个像小船一样的塑料东东。

“雪道”在三月份春假的时候搭救了妈妈。大雪冻住了楼下的小公园，堆积出齐膝高的厚厚白雪。困在楼里的小朋友纷纷跑到雪地玩起滑雪，这让小猪放弃折磨妈妈，在整个冬天找到很多伙伴和乐趣。

灯光节

Snow runner是蒙特利尔冬天颇具群众基础的玩乐方式。何人发掘出这样的玩法是无从考证了，但是，snow runner的深入人心却是没有悬念的。果然，2月份，蒙城一年一度的灯光节上，我们见识了“巨无霸”式的snow runner。

2月份蒙特利尔的冬季狂欢节当之无愧要算灯光节了。灯光节的举办地在市中心的艺术中心和老港两地。灯光节的久负盛名与节日上各种名目繁多的活动有很大关系，包括各类演出、美食美酒品尝、焰火表演、滑稽剧、交互式灯光show、摄影展和各类冰雪游乐项目等。

辗转公交+地铁，米米和小猪终于站在了现场！人工搭起的酷炫的滑雪坡道被灯光装扮得五光十色，当然是不容错过的！一队队大人小人坐在像轮胎一样的snow runner上，呼呼地“顺流而下”，看上去相当刺激呢。

说到做到，米米和小猪迅速汇入了排队的人龙。有人现场加塞，各种肤色都有。搞到小猪撅嘴嘟囔：waiting is boring！（等待好烦！）但是，不管怎么样，算是熬到了头，娘俩爬上高台，坐进snow runner，一路高叫着飞速滑下来（貌似米米分贝更高哎……），末了，小猪心情表白——好像坐飞机！同时不忘自我剖析——因为我们坚持站在风中半小时，所以玩到了刺激的冰雪滑道！

总之，无趣的眼里永远是无趣；有趣的眼里永远是有趣。在蒙特利尔这个冬天占据一年半数时间的城市，人们确实总是在不厌其烦地想些法子过上有趣的生活！难怪人们说，蒙特利尔是加拿大最有趣的城市！

溜冰季！

冬天在蒙特利尔这个加拿大的北部城市迟迟不愿离去。1月份，已经进入这个城市最寒冷的季节。小猪从学校带回好消息：伊丽莎白·布兰坦小学的传统运动项目——溜冰要开始了。届时学校每周都会组织小朋友去附近的社区溜冰场去溜冰。

溜冰准备

甫一听到“溜冰”两个字，米米立刻感到头大：小猪在国内倒是玩过轮滑，可从来没有玩过溜冰，眼看这异国他乡，谁能够教小猪溜冰呢？

还好，接到Ms. Cher的留言：很多小朋友都是第一次溜冰！

赶紧为小猪准备行头——去Canadian Tyre买了溜冰鞋，小猪大爱的公主风；楼上打hockey（冰球）的小哥哥赞助了我们去年用小了的溜冰头盔。臭美的小猪淘出做手工剩下的粉色小水晶，和妈妈硬生生把黑乎乎的男孩头盔扭成了pink（粉红）系。

一切准备停当，小姑娘扣上头盔套上溜冰鞋，在镜子面前左扭右转，摆出一个又一个耍酷的姿势。

万事俱备，只欠溜冰啦！可是，怎么办，心中还是小小地没有底哦！

聪明睿智的米米提出建议——不如咱们去Google上搜搜教学片？小猪双手赞成。果然，打开Google，输入“teach kids skating”（教孩子溜冰），立刻跳出一大堆视频。

于是，挑一个周末的下午，泡好一壶柚子茶，烤好一大盘美味的薯条，然后娘俩抱着刚出炉的、热乎乎的薯条，网上恶补了一顿skating的入门技巧。

做义工

盼望着，盼望着，小猪心心念念的溜冰终于来了！之前，Ms. Cher向全班家长发出邀请，希望有时间的家长能够在孩子溜冰时到学校做义工，主要是帮助孩子穿脱雪服、雪裤以及溜冰鞋、戴好头盔等。

对对日程表，米米刚好有空，当然是不容错失的节目了。兴冲冲赶到学校，十几个孩子在老师和三位家长的陪同下向社区溜冰场进发。

因为这样一次和孩子学校生活的近距离接触，我这才发现平日里小猪一些古里古怪的习惯原来是由来有因的。

比如，将整条雪裤飞机降落般抛在地上，然后钻山洞般地钻进去；比如，头顶着雪服的帽子，任整件衣服在身后荡来荡去；比如，倏忽一声，整个人呈“大”字般躺在雪地上……孩子们恶作剧式的玩法像传染病似的相互传染，也挑战着老师和家长的神经。我这时发现，不论是中国还是加拿大，让五六岁的孩子“walk nice and well”（好好走路）排队出行都是项严峻的考验。

步行五六分钟，就来到西蒙特利尔的社区溜冰场。孩子们换上装备后，开始一个一个排队下场。第一次溜冰的孩子每个人都会拿到一个cone（雪糕桶）做助手。嗬！这可真是意外的发现！雪糕桶在溜冰时竟有这种妙用！

感谢这次做义工的机会，让我充分体验到了观众的乐趣。第一次溜冰，孩子们各种趣致的表情足以让你萌翻。有的孩子不停地摔倒爬起、摔倒爬起，很有点儿愈挫愈奋愈坚的感觉；有的孩子摔倒几次，便开始无赖小娃状，干脆躺在冰面罢工；还有的孩子小心翼翼，生怕摔跤的滋味，比如我家的小猪……

溜冰季为小猪留下了一个又一个美好的回忆

小猪班上的黑人小孩Zachary平衡感稍差，连续摔倒好几次，Zachary嘟囔着最后一次爬起来，拒绝再尝试。我帮助他在场外的长凳上坐下，小男孩还兀自生着闷气——“I will not skate ever！”（再也不溜冰啦！）小小孩气鼓鼓的认真样子，实在令人好笑。

相形之下，另一个白人小孩Youssef显然相当享受这种摔跤的过程。在更衣室，我帮他穿上雪服的时候，惊讶地发现孩子的内衣已经湿透。“Why are you all soaked？”（怎么全都湿透了？）我问。小小孩相当严肃认真地答道：“Because I fall over all the time.”（因为我老在摔跤！）闻听此言，我和Ms. Cher都忍不住爆笑。

溜冰马拉松

几个星期下来，也许是以前国内的轮滑打下了基础，也许是Google的教学片发挥了功效，也许是小猪自身运动天赋不差……总之，在妈妈和老师惊讶的眼光中，小猪已经能够独立地绕场滑整圈了。

Skate-A-Thon!（溜冰马拉松）

现在想来，小猪其实是相当幸运的。因为像伊丽莎白·布兰坦小学这样在冬天开设溜冰这样校际传统体育项目的学校，即便在蒙特利尔也并不多。因此，如果父母不带孩子溜冰，很多孩子即使身在加拿大都不一定会溜冰，比如，在我们居住的7400楼里，有些小朋友移民此地数年也不曾学会溜冰。

真正的重磅很快到了！2月初的一天，小猪从学校带回通知，2月21日（周五），孩子们可以参加整个EBS的年度溜冰马拉松——Skate-A-Thon!

学校号称针对16个班的孩子准备了5轮溜冰马拉松。不过，很快发现玄机。体育小比赛是没错的，但是——是以募捐为目的体育小比赛！

“西蒙特利尔儿童图书馆需要您的帮助！”——学校发出的通知写道。“今年我们的目标是为图书馆募集到3000刀，相当于每个孩子15刀。为了鼓励孩子捐款，图书馆特地为每轮比赛都准备了抽奖篮。孩子们每捐

在Room 5做义工的经历让妈妈陪着小猪一起经历了人生中第一次溜冰。

款15刀，将获得一次抽奖机会。不论孩子是否参与溜冰比赛，学校都鼓励孩子们通过捐款的方式参与抽奖。现金或者支票统统不拒。”

好吧，我们早已经有了心理准备。不过，还是忍不住八卦一下。原来，西蒙特利尔儿童图书馆如果要继续驻点在伊丽莎白·布兰坦小学，校方必须筹得资金来支持图书馆的日常运转以及图书管理员的开支。不禁心中莞尔，看来，校长先生相当不易呢！

小猪上了报纸

2月21日这天终于到来！这也是为Room 5的孩子做义工的最后一天。和一帮小朋友来到社区溜冰场，嗯，情况果然有不同。不仅到场的家长和小朋友比平时多了许多，学校为了犒赏参加比赛的孩子还特意准备了热乎乎的热巧克力和小点心。

这一天的小猪发挥得特别好，自己独立滑完了全场，红扑扑的小脸上，眼睛兴奋地眨啊眨。最后的总结汇报，结果是：包括小猪在内的四五个原先不会溜冰的孩子完成了从0到1的进化，基本上可以滑完大半场或全场。小猪班上溜冰水平最高的黑人小男孩Jahmari，则水平更加精进，已经开始琢磨着怎么玩花样了。

更大的惊喜在Skate-A-Thon之后。小猪和同学溜完冰后在休息室享用热巧克力和点心的图片被《西蒙特利尔社区报》采用上版了。4月初的一天，小猪的同学Hugo和姐姐Claire特意将这张报纸放在信封里带给我们。感谢Hugo & Claire，还有他们的爸爸妈妈！这成为我们在加拿大的又一次美好回忆！

10

Elizabeth Ballantyne School

Kindergarten students enjoy hot chocolate and cookies after the Skate-a-Thon

Cold ice, hot chocolate!

On February 21, EBS students from all grades crowded noisily into the Legion Rink for their annual Skate-A-Thon. This tradition dates back over 40 years. The event raises funds to purchase new books for the Children's Library.

Students recruit sponsors who can choose to donate a lump sum or sponsor children based on the number of laps they complete. Although there is no official prize for the greatest number of laps, many kids try to complete as many laps as possible. **Adam Semergian** of cycle 3 completed the most laps at 128.

The Skate-A-thon is a popular event for many reasons. "I like skating and raising money," says kindergarten student **Zachary Chambers**, but most of his friends agree that the best part is the hot chocolate and cookies which are served afterwards.

This year the $2,500 raised was used to purchase 135 books. The funds are divided between English and French titles. Some additions have been made to popular book series such as *M. Bonhomme*, *39 Clues* and *LEGO*. There are also some new books about

小猪和同学在溜冰马拉松上享用热巧克力的照片被《西蒙特利尔社区报》采用上版！

Chapter 7
在加拿大的
寻常生活

平淡如水的生活藏着最寻常的日子。

纵算家国万里外，

日子一样是日子……

虚惊一场的火警

小猪正式入学一周后，工作繁忙的猪爸爸便飞回国。娘俩的异国游学旅程正式开始了。

呼啸而至的消防车

首先迎接我们的是虚惊一场的火警。

爸爸离开蒙特利尔没几天，一大早起床，电灯便忽明忽暗，烤箱的温度指示灯也时亮时灭。几个来回下去，屋子终于陷入一片黑暗。

在加拿大一年多，7400楼经历过至少三次火灾疑云。

什么状况？妈妈打开房门。嗬！连走廊也黑乎乎一片。回到房间，拉开窗帘，只见楼下警灯大闪，不少消防车正四处赶来。仔细数数，竟有七八辆之多。

火灾！妈妈心中立刻警铃大作，赶紧拎起还在赖床的小猪。“fire engine”，小猪一听这个立刻来了劲，一骨碌从床上爬起来，跑到窗前看消防车云集楼下的阵势。

娘俩飞快打点停当，可是——早餐在哪里？赶紧冲下楼，打包口粮兼打探消息。很快，便闻到电梯间一股焦煳味，但是人们如常地行走，看上去并无异样。拉住一个fireman（消防员）打探，帅哥告诉我们，不用担心，没有发生火灾，但是具体情况得问大楼管理处。

好吧，希望一切安好。我和小猪没有时间多作停留，径直冲向了校巴停靠站。

防火！防火！

11月初的这次动静是我们在加拿大对于火灾的第一次直观接触。此后，在经历过三四次类似的状况后，我和小猪已经有点见怪不怪了。不过，第一次的“救火”场景还是给我们留下深刻印象。七八辆消防车呼啸而至，让人顿生事故很严重的错觉。但实际上，这其实只是一场很常见的电路故障。

为什么会这样兴师动众呢？

我和本地朋友打趣说，一定是加拿大的资源太过丰富，像消防车这样的公共资源平时没有用武之处，难得遇上一个小状况就竞相出动了。朋友不觉得好笑，很严肃地向我们解释：消防部门的兴师动众是有原因的。

居住在蒙特利尔，你必须十分注意防火。因为这里的房子包括各种独立或联排的别墅都是木质建筑——木头搭成的龙骨骨架，再加上各种木制配件和装饰，只在房子成型后才会在最外层加上现代的建筑立面贴砖。所以，你看到的不论是乡村风格还是仿巴洛克风格的一栋栋漂亮的小房子，其实都是木头造。甚至一些楼房也完全是木质结构；不过，政府规定这样的楼房最高只能建四层。

木头房子在蒙特利尔这个冬天甚至零下30多摄氏度的城市，保暖性能是极佳的。但是，相应而来的是火灾的困扰。很多时候，一场大火就会让人倾家荡产、无家可归；因此人们多半都会购买房屋保险，其中附含有火灾保障。

我和小猪租住的大楼7400 Sherbrooke Ouest共有11层高，居住着几百户人家，不仅是这一带最高的建筑，还是配置比较好的公寓大楼，因此也成了消防部门重点监控的对象。一般类似这样的公寓大楼，在申报批建时，政府会对火警报警系统有强制要求，报警系统必须与附近的消防队直接关联。一旦发生状况，消防部门可以第一时间收到消息，消防车立刻出动，很多时候甚至比大楼物业管理处的反应更加迅速。

但是，尽管如此，火灾仍然难以避免。我们在加拿大的第二年年初，附近一个小镇的养老院发生火灾事故，不知何故报警系统未能及时报警。当时风势很大，等消防车赶到时，火势已经蔓延，人们眼睁睁地看着好几个老人倒伏火海，情况相当悲惨。

参观消防队，每个小朋友都亲身坐上了消防车。

学校的火警教育

经过10月底公寓楼那次火警惊情的“现场教育”，当我拿到小猪学校的“火警演习”通知时，感觉已经不那么突兀了。

11月的某一天，小猪带回来一张学校通知，说是学校第二天要进行火警演习，届时将警铃大作，希望家长们提前向小朋友做好解释工作。

果然，第二天放学归来，小猪向我描述了火警演习的“混乱”场面：Ms.Cher 本来正好端端地给大家讲故事，忽然，尖锐的警铃响起，所有小朋友都随着老师迅速撤到了校舍外的开阔场地。

如我上文所述，因为加拿大相当多的建筑是木质结构，因此防火意识在此地相当强。除了学校这种例牌的火警演习，学校还会组织小朋友到消防队参观，与fire engine（消防车）面对面接触。

比如，小猪的班级在第二年夏天就特别组织了一次前往消防队的参观活动。某一个夏天的早上，小猪班上的小同学在老师带领下步行到学校附近的一家消防队。热情的消防队员不仅向孩子们展示了出勤的全过程，还让孩子们坐上消防车，留下宝贵的合影；末了，还请每个孩子吃了ice lolly（冰棍）！

Hydro Quebec（魁省电力）抽风

11月看上去是蛮多状况的日子。刚刚遭遇了叫人虚惊一场的火警，11月5日（周一），我和小猪冲到楼下，竟然看不到一个小朋友。娘俩都以为迟到了，赶到学校，这才发现，原来竟是Montreal的冬令时到了。我们不是迟到，而是早到！整整一小时！然后，再过没几天，新状况又出现了。这回，出来搅局的是——Hydro Quebec（魁省电力）！

大风起兮

星期五，当我坐学校的穿梭巴士从Downtown校区上完课赶回去接小猪的时候，就听到CBC的广播新闻在不停播报这条新闻：“因为大风的影响，魁省电力在蒙特利尔大部分地区停电，包括……”

“希望7400没有停电”，我心中暗自祈祷。不过，看上去，这的确是多事的一天。

风力实在太强劲。3点50分，当我来到Patricia街口等校巴时，大风很快把我赶进了旁边的公交亭。左等右等，丝毫见不到校巴的影子。公交亭外，人们在大风中艰难地逆行，一棵手腕粗的枝丫歪七扭八地倒伏路边，折断处赫然露出新鲜的木色。

已经4点20分，按道理4点钟小猪的校车就应该准时到呀。妈妈不禁有些着急，犹疑着要不要打电话到学校或校巴公司问个究竟。

就在这时，“哔哔——”的喇叭声从我后方响起。小猪的校巴竟然从另一个方向驶来。

一下车，小猪难掩兴奋地向我描述路上的冒险经历：一颗很大的树枝突然从天而降，横落在校车的前面。“My God！”小猪绘声绘色地向我描绘校巴司机的反应。据小猪反馈，校巴司机试了几次都无法从天而降的大树枝面前绕过，于是通过车上的对讲机和校巴公司通话，决定改道行驶。于是，这便有了妈妈迟迟接不到小猪的一幕。

停电

回家路上的冒险经历在小猪小小的心里留下了很深的印象。从此以后，301校巴上的校巴司机在小猪心目中的形象便高大光辉起来，成了小猪眼里厉害的校巴司机。

接回了小猪，真正的问题来了——停电！

停电，在加拿大是个扰人生计的大问题。和国内使用液化气、天然气不同，在加拿大，因为资源丰富，电力供应充足，人们煮饭的炉子清一色用电。一旦停电，不仅是无法照明的问题，连最基本的煮饭烧水都成了大问题。

怎么办？赶紧冲到楼下的Subway（赛百威）。看来，别人已经先下手为强了，食品柜里空空荡荡，只剩下苏马哈。长长的面包里塞进去不知名的酱料、熏肉和青菜，我和小猪拎着打包的晚餐上了楼。

照明是个大麻烦。因为没有经验，屋子里没有打火机，更不要说蜡烛。没有法子，远亲不如近邻。敲开邻居家的门，借来一支蜡烛，妈妈和小猪就着烛光完成了牛奶+面包的一餐。“Yuk！超难吃”，看到小猪不满地表达抗议，妈妈的心中感到一丝丝内疚。

妈妈求进步

狂风大作引发Hydro Quebec抽风，导致我们一周内遭遇第二次停电。

第二天一早，小猪开始更为严正抗议——早餐也拒绝再碰面包。

“要吃盐焗鸡！”小猪理直气壮——“剥皮的！”

额！好吧！米米投降，为了小猪的肚子！米米从了！话说若干年前米米还只会番茄蛋菜系，但为了小猪，米米要进步！奋斗无止境！但是，可不可以吐槽——真的怀念以前十指不沾阳春水、不用自己煮饭的日子啊……

超市食品

还记得刚到加拿大，走进食品超市时的感觉。这里除了奶酪、培根的品种叫人眼花缭乱以外，食品的种类、供应包括布局和国内超市差别基本不大。不过，细细看下来，却还是发现中外有别。

3.5%的牛奶

小猪到加拿大之前，我对鲜奶从未多做过了解，常常是抓起一支便买单。等到小猪来到加拿大，为她挑选鲜奶的时候，看着大支大支，标着1%、2%、3.5%的牛奶，米米这时才发现心里茫然，不知道如何下手。

Pharmacie的一位店员对我进行了“普及”。原来，在加拿大，每种品牌的鲜奶都会按照脂肪含量的不同分为三种。脂肪含量1%的是针对不喜欢脂肪的瘦身族；脂肪含量2%的是针对普通大众；脂肪含量3.5%的则是针对需要加强脂肪的人群。因为脂肪含量不同，牛奶的口感也不同，脂肪含量越高，牛奶也更为香浓。处于长身体阶段的小孩子首选的牛奶当然是3.5%的牛奶。日常生活中，人们兑咖啡的牛奶也可以用这种鲜奶，根据自己的口味，浓淡不一。而加拿大大街小巷到处可见的咖啡店，用的则是2%的牛奶。一位开过咖啡店的朋友告诉我说，这主要是为了取个中间值，求个大众口味。

Oversize（超量）

在加拿大，基本上每一两周，我都要去趟食品超市采购口粮。不过，每次面对各种食品，尤其是糕点的超大分量，娘俩都很发愁。不是每家超市都有4个装的汉堡胚，大部分是8个起；不是每家超市都能找到4条装的热狗胚，大多数是12条一大包……

在我又一次止不住抱怨食物的超大分量时，一位加拿大同学告诉我，食物的oversize是加拿大人肥胖的一个重要原因。出于好奇，我在Google.ca上一检索，竟然发现“oversize，food proportion”（超量 食物分量）是个专门的检索词条，瞬间竟蹦出数百万个相关结果。

不仅食品超市里各样糕点的分量普遍超标，各类快餐如汉堡、比萨的分量更是“巨无霸”。同样的情况，也出现在相邻的美国。

两位博士Lisa R. Young和Marison Nestle曾经就食品超分量对美国人肥胖的影响进行了专门的研究。他们抽取生产商的成品为样本，采用直接称重的方式，收集数据。再和历史上厂家们公布的食品重量进行对比。结果非常有意思，美国食品的超重在20世纪70年代开始出现，到20世纪80年代，食品的分量迅速增加，此后基本保持着与人们体重增长相同的增长曲线。与此同时，20世纪90年代，美国人外出用餐的费用占到食品开支的47%，而在20世纪70年代，这个比例只占34%。两位博士得出结论——市面上的食品分量已经超出联邦标准，并对美国人的肥胖做出重要贡献。

为什么会出现超分量食品呢？我无意中在C B C的清谈节目中听到一位专家的观点。他认为，超分量食品本质上是商家的营销手法。

“大分量的食品虽然总价略贵，但单价却更划算，这迎合了人们喜欢bargaining（讨价还价）的心理。”而相比增加食品的成本而言，超分量的商品为商家带来的利润则更丰厚。

听完这位专家的解释后，我心生疑惑，既然是好用的营销手法，为什么没有在中国流行？这恐怕又一次映证中国和加、美相比，食品原材料价格不在一条起跑线吧。

涮羊肉

人在加拿大，吃是个大问题。西式的简餐，小猪时不时会心血来潮。可是，到底是两个“中国胃”，隔三岔五地，小猪会口水吧嗒、毫不掩饰地怀念国内的山珍海味。

加拿大的“小肥羊”

“涮羊肉”集中体现了小猪对中国美食的怀念。自从某一次随大伯父去到唐人街吃了回“小肥羊”的涮羊肉后，小猪便一发不可收拾。小姑娘时常会主动要求——“小肥羊！”“涮羊肉！”

每回必点两大盘涮羊肉、一大盘涮牛肉，每回必吃一大碗糖水黄桃，每回必得完成餐后的雪糕甜点……平时吃饭时好时坏的小猪，每回遭遇“小肥羊”，必定是好一顿胡吃海塞、小肚圆滚滚；末了，烟雾腾腾中，抚着肚皮，面露心满意足的神情。

看着小人儿满足的样子，这个时候的米米，话说也是相当满足的。但是，有利有弊不是？每回去到唐人街、满足小猪的口舌之念，娘俩都要公交+地铁的好一番倒腾。

终于有一天，旁边的中国邻居告诉我们，就在我们常常光顾的metro超市旁有一家中国小店，有卖切片好的羊肉和火锅底料。

真真是好消息！择一个周末的下午，我和小猪杀到中国小店，采购回

妈妈自学成材制作的“小肥羊”味道相当不赖呢！

打火锅的所有食材。网上一番“自学成材”后，一大一小两个人儿，雾气腾腾地开始捣鼓起来。

羊肉卷儿、肉丸、大虾、豆腐、海带、金针菇、青菜……诸多食材一字长蛇地排开架势。还真不赖！“比‘小肥羊’还好吃呢！”小猪一句金口玉言已经哄得忙碌了一个上午的米米心花怒放。

从此以后，一发不可收拾。涮羊肉以及由此延伸出来的烤羊肉串成了我和小猪在加拿大停留期间的“保留美食”之一。10刀切片好的新西兰羊肩肉足够我和小猪吃两顿！后来回广州后，我们到五羊新城再寻访“小肥羊”，可是，无论怎样，已经吃不出当初的味道……

西餐中吃

西餐中吃很大程度上缓解了中国移民对故乡美食的思念。

楼上住着的高兴、高一的妈妈相当厉害，在家自己做起了卤牛肉，还发掘出中式汉堡包的吃法。饼胚还是那个饼胚，可是，老外心水的熏肉被华丽丽地换成了中国的“卤牛肉”，还像模像样地照样夹了生菜、黄瓜片，地地道道一个中国版汉堡包不是！

身在蒙特利尔，关于吃的另一大好处是：这里的传统美食bagel，假如你换一种眼光去看，或许会发现，它其实和中国传统的馒头十分相似咧！

的确是不一样的长相，可一样都是死面疙瘩啊，所以，有脑洞大开的中国同胞果断拿bagel去套用中国馒头的做法——放在烤箱里略微烤烤，还你一个两面微黄的烤馒头！夹点炸酱肉碎，放在烤箱里略烤烤，还你一个外焦里嫩的北方肉夹馍！

还有大神级的人物向我传授他关于spaghetti（意大利面）发掘出来的新功能——碱面！话说，在我的家乡，一碗汤浓味美的牛肉面少不得一饼筋道有嚼头的碱面。奈何，碱面难求，就算在国内都不一定能够找到合用的心水碱面。没承想，异国他乡，竟然有华人同胞开动强大的脑细胞，将spaghetti和碱面勾搭在了一起！烧点开水、加点盐将意面煮煮熟，过水凉凉，然后，就照传统的牛肉面、炸酱面浇上肉哨、卤汤，再然后，一碗相似度九成九的中华碱面出锅啦！

简以言之，吃货不灭。但凡有我华人出没的地方，必有我中华美食之身影！

Schwartz熏肉

说到中国的卤牛肉，不得不提蒙特利尔最负盛名的Schwartz熏肉。1928年开的老店，据说目前的老板是著名歌星Celina Dion。Schwartz熏肉最特别的地方，我个人认为，在于这个小店的熏肉被称为“世界最著名”。

夏天的一个上午，我和小猪带着造访加拿大的外公外婆专门去品尝了这个“世界最著名”。果然，还不到上午11点，排队的人龙已经在门外摆开了长蛇阵。分量相当足，可以选择偏肥，也可以选择偏瘦；点餐坐定，就着酸黄瓜、小辣椒、黑樱桃汽水这些网上推荐的“招牌”开动，然后，就在那一刻，大大小小四个人不约而同地想起了它——卤牛肉。

真心没觉得“世界最著名”的熏肉盖过了咱们的国粹卤牛肉呢！但是，为什么Schwartz熏肉可以被冠之以“世界最著名”，咱们就没有“**卤牛肉”被冠之以“世界最著名”？

不可说，不可说……

真心觉得大名鼎鼎的Schwartz熏肉不如国粹卤牛肉好吃！

安全第一

安全！安全！单身妈妈带着孩子在异国他乡，安全是我关心的头等大事。也因为这样，在选择住地上，我格外留神，将“安全”列为头等大事。一年多下来，加拿大的安全问题令我这个生于中国、长于中国的华人感受到不一样的体验。

住地附近的枪击案

还记得夏天初来乍到的时候，在亲戚的陪伴下，我们围绕着Loyola校园满世界地找房子。我租住的7400当时一个半的月租已经去到550刀，算是周围最贵的房租了；用这个价位，走过马路对面，就可以在百步开外的四层小楼里租住三个半。不过，多番比较，7400的电子监控系统和物业管理更让我觉得安全，兼之距离Loyola校园步行只要三五分钟，我便义无反顾地住进了这栋高楼。

到加拿大以来的一路遭遇让我感受到这个国家的文明礼貌。虽然，亲戚提醒我，防人之心不可无。比如，2012年加拿大著名的华裔留学生碎尸案中，遇害的留学生林俊生前就读的就是我所在的康考迪亚大学；比如，即便像教堂这样的地方，也不要在晚上单身一人独自出入。但是，一直以来，我对住地的安全抱有相当的信心，一直感觉加拿大的治安远比我想象中好得多，至少你基本不用担心有飞车抢包族。直到，有一天——当我听说，我住的大楼附近竟然发生枪击案。

那是2014年2月底发生的事情。一大早，一个来自伊朗的邻居告诉我，我们住地附近的St-Jacques街和Elmburst街交叉口发生了一宗枪击案。两名男子与第三人争吵，不知道什么原因，第三个人掏枪射击，其中一个人伤势严重。

闻听此言，我震惊兼觉恐怖。这不是我到达加拿大后听说的第一宗枪击案。夏天的时候，我曾在朋友家小住两周，每天上学经过的Queenmary就曾发生过犹太饭店被人扔了燃烧弹的事情。但是，但是——这次的枪击案竟然就发生在我身边，发生在我常常走路经过的街口，心中顿时警铃大响，感受到冲击波的小小荡漾。

从伊朗来的邻居情况也好不了多少。这对夫妇到加拿大落地只有几个月，也还处于熟悉环境的阶段，听说枪击案发生在附近，小两口的表现也相当紧张。

与邻居们的经验交流

下午，小猪放学时碰到Mustafar的妈妈Dina。Dina见到我的第一个问题也是关于枪击案。原来，在她的埃及朋友圈里，这个消息也已经传遍了。

小朋友相约在楼下的Coffee公园玩，我和Dina做伴。碰到公园里另一个白人妈妈，三个女人于是现场开八起来。

白人妈妈是地道的本地人，搬来此地的住处已有5年。她告诉我，抛开最近这单枪击案，5年里这附近还发生过另一宗枪击案件和一宗刀伤案件。白人妈妈说，我所在的大楼因为有物业管理，所以治安总体不错，但在我们楼后，离这里两条街的地方住着不少黑人，治安相当不乐观。

“Coffee公园白天都很安全，但春天、夏天的时候，公园角落里会有人进行毒品交易，所以看到可疑的人最好赶紧离开；晚上，我一般不会搭90路公交车，因为要经过后面两条街区；万一要搭，也一定会有人陪；天黑后不要待在外面，特别是单身一人……”白人妈妈相当热心，侃侃而谈自己的“安保措施”，这边厢，我和Dina面面相觑，我感到自己已经脊背发凉。

又一个周末，我带小猪搭公交去上乒乓球课的时候，碰到小易姐姐。小易只有十几岁，在上法语高中，数年前从中国移民到蒙特利尔，平时在我们楼后面一个课后照看孩子的机构（after-school）里担任part time小老师。看着小姑娘抱着大大的、戴面罩的头盔，我和小猪都很好奇。“在学剑术”，小姑娘说，因为这份兼职的工作有时候要带小朋友出去，所以特意学了这门“防身术”。

和小易姐姐的这次巧遇之后，我发现，蒙特利尔的中国孩子原来十分流行学习类似剑术、跆拳道、柔道等之类的防身术。本地的培训课程中，也有不少这类的广告。我的一个亲戚的孩子也特意学了一门源自日本的武术。

“安全”的不同层面

总之，在加拿大不长不短的日子待下来，我感到，这个国家表面上的“风平浪静”下是汹涌潜行的暗流。

比如，你看到报纸上登载的加拿大统计局的数据——2013年加拿大凶杀案下降至每10万人中有1.44名受害者，达到1966以来的最低水平，与2012年相比也下降了8个百分点。再比如，我所居住的魁北克，2013年这里只发生了68宗凶杀案，是该省自1961年来的最低凶杀率。

但是，真正生活在加拿大，作为普通人，枪支和毒品，我感到是普通人生活中最受困扰的安全问题。所以，在加拿大不要轻易与人大动肝火，一定要淡定！淡定！谁知道他会不会在下一刻，像电影桥段那样魔术般掏出一支枪指向你的头？所以，在加拿大，防范孩子受到枪支和毒品的不良影响是家长们的心头大事！

牙齿仙女

”

牙齿！对，没有看错，牙齿——万万没有想到，小猪的加拿大之旅中，牙齿竟然成了让我头痛的一件大事。

牙齿仙女

还记得动画片*Peppa Pig*（《粉红猪小妹》）中，某一天当Peppa开始换牙的时候，Mummy Pig 用“牙齿仙女”的故事向Peppa解释小朋友的换牙。

没想到，我家才5岁多的小猪一到加拿大就开始出现这个问题了。普通的换牙也罢，小猪的问题是——旧牙未掉，新牙就已经迫不及待地生根发芽了。这可怎么办？打电话咨询了国内的牙医朋友，又在网上Google了一通，发现旧牙如果始终坚守岗位、不肯让位，便只得一个法子——拨！

没有办法，只能和加拿大的牙医打打交道了。

很早就听闻国外的牙医很贵。比如，小猪刚落地时，我为她购买医疗保险时，代理人就曾特别向我强调，保障范围不包括牙齿，如果看牙得自掏腰包。

听闻此言，当时心中掠过小小好奇，等到真正身临其境，这才发现在加拿大看牙确实——贵！打着小猪小狗牙的旗号，我咨询了周围一大圈后发现，最实惠的是朋友推荐的一位中国医生的诊所，看牙30刀，看牙兼拔牙85刀。另一位口碑不错的越南牙医，看牙50刀，看牙兼拔牙则要100多刀了。

折算一下人民币，心道“好贵！”可是，无法！摇一摇，旧牙还很强悍，新牙却已茁壮。

银子贵是一回事，看牙医你还得预约。中国医生给我们的排队到了4天后，越南医生给我们的排队则到了一周以后。综合考虑小猪的上学时间，最终选定了上一家中国医生。

两次拔牙

小猪的牙齿在加拿大总共出现过两回状况。第一次预约拔牙后，看牙的前一晚小猪和妈妈打打闹闹，一不小心大力撞到妈妈，紧接着，便是一阵高呼——“牙掉了”！我又惊又喜，仔细察看，果然——牙掉了。因为这颗及时掉落的牙齿，那一次的看牙为妈妈省下50刀。

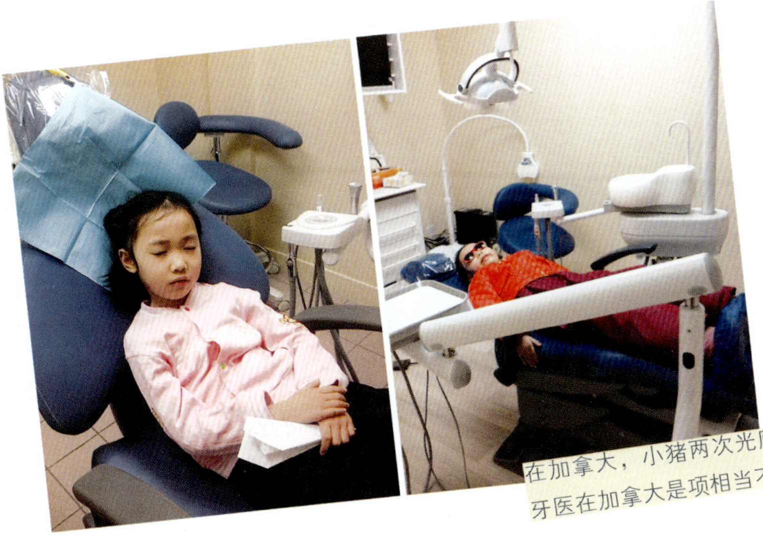

在加拿大，小猪两次光顾牙医诊所。看牙医在加拿大是项相当不菲的开支。

第二次便没有这样幸运了。

这一次的旧牙比第一次弥显坚固。在诊所等待两个多小时后，小猪终于躺上了治疗床。然后，接下来的，便是每位妈妈可以想象的现场直播——小猪看到医生手中尖尖细细的麻醉注射针，便开始进入状况，哭闹着不肯就范。

几番搏斗，连带着妈妈也被医生批评“心太软”之后，可怜的小猪最终老实下来，被拔掉小狗牙。

看着小猪泫然欲涕的样子，妈妈的心中很不是滋味。

“是不是很疼？”走在路上，妈妈看着耷拉着脑袋的小猪问。“好像也不是很疼！就是害怕！”小姑娘回答得相当淡定。唉！这闹心的孩子，妈妈需要一颗强大的心脏……

到社区诊所看病

除开两次看牙，小猪在加拿大还另外到访过一次社区诊所。

小猪生病了

3月份，整个蒙特利尔仍然笼罩在一片白茫茫的大雪之中。想想国内的阳春三月，看看眼前的皑皑白雪，那一刻，你能深刻感受到常识需要被重新修订。

总之，蒙特利尔冬天的漫长在你经历过之后便不会再忘记。

这种状况下，一次零下30摄氏度时的外出让小猪生病了。只是小小的感冒，从国内带来的药很快发挥了作用。但是，糟糕的是首尾难断。感冒的症状消除了，可每到后半夜，小猪便开始间断地咳嗽。

一周、两周、三周，终于——妈妈的神经不能再顽抗下去。虽说病去如抽丝，可是实在担心小猪肺部感染，当机立断，妈妈决定赶紧得带小猪看看医生。

Atwater地铁站附近的儿童医院看上去是个最直接的选择。再一打听，各方面的反馈吓倒我——至少得排队等上七八个小时！

综合考虑小猪的情况其实并不严重，上午10点，妈妈带小猪杀向最近一家社区诊所。

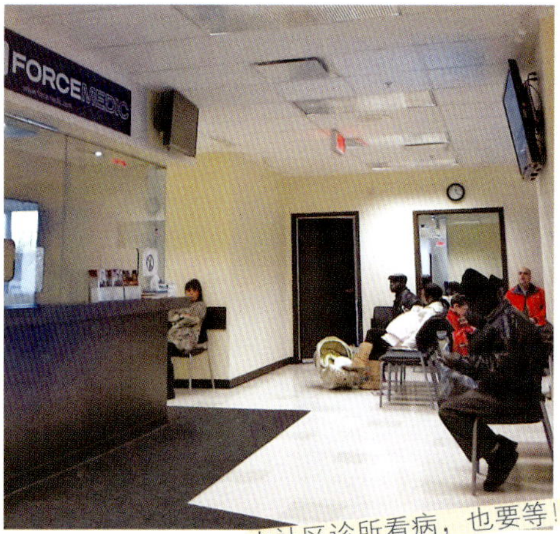

去社区诊所看病，也要等！等！等！

小小的社区诊所

我们住地的社区诊所就在小猪上学经过的Westminster街1号。事实上，这里有一家我们以前常常光顾的药店——Pharmacie（蒙特利尔的药店除了卖药，还出售食品、化妆品和其他生活用品），可从没想到，楼上竟然“藏着”这样一家社区诊所。

坐电梯直上三楼，与前台接诊小姐一番沟通，拿到我们的号。接诊小姐接下来的一番通告惊到我们——因为前面排队的人不少，最好回家吃完午饭、下午2点钟再来。

才早上10点多，可拿到的号已经排到下午2点？！首次与加拿大医疗机构正式发生“交集”的娘俩都感到小小的诧异。好在，社区诊所离我们住地只是步行距离，并不会增加太大的麻烦。

下午，难得一个冬日晴朗的好天气，我和小猪吃完午饭再次来到社区诊所。很快，一位漂亮的白人女医生接待了我们。听完我的一大番陈述，医生再三为小猪做了检查，相当确定地告诉我，小猪并没有肺部感染。但是，小姑娘已经咳嗽三周，是否需要用抗生素呢？白人医生显得有点踌躇，追问了我很多细节问题，最终开了一支清洗鼻子的海水，并叮嘱我小猪一旦情况反复，就赶紧再来复诊。

接下来的拿药又是个新鲜的体验——诊所里没有现成的药品，你得拿着医生的处方单到楼下的药店自己买药。这一刻，方才明白，为什么蒙特利尔的诊所和药店相隔如此近。

等！等！等！

等！——在蒙特利尔看病，相信这个字是很多人最直观的感受。

带小猪去牙医诊所，虽然已经预约，可第一次等了两个多小时，第二次等了三个多小时；在社区医院，上午10点多拿到的号，得等到下午2点多才能见到医生……

更多人看病的儿童医院就更不必说了。我的一位朋友是三个孩子的妈妈，她每次造访医院都是一托三，尽量将三个孩子的小毛病集中在一起看，每次出门她都会带上一天的口粮，预备在医院耗上一整天。

为什么看病等待的时间这么长？朋友告诉我，很重要的原因是因为这个国家工会的权利太大，他们不愿意医院招收更多的医生，以摊薄医生的收入水平，这客观上导致医生和病人的比例失调。

情况是否真是如此，我未曾考证。但是，翻看当地的报纸，80%的魁北克人对医疗系统不满意。在蒙特利尔，2013年各大医院急诊室中的平均等待时间是19.5小时。报纸以赞赏的口气称，这个等待时间已经比去年降低了1个小时。更让我跌破眼镜的是，魁省卫生部规定的急诊标准等待时间竟然是16个小时！

2013年蒙特利尔急诊室的等待数据：

平均等待时间：19.5小时（官方要求：16小时）

等待时间超过24小时的病人比率：27.9%（官方要求20%）

达到或超过75岁的病人的平均等待时间：27.2小时

精神疾病患者的平均等待时间：27.6小时

（数据来源：蒙特利尔卫生局，2013—2014）

在加拿大买保险

外国人在加拿大绕不开的是保险，医疗费昂贵是直接导火索。所以，小猪来到加拿大后首要完成的几件大事就包括买保险。

小小孩的医疗保险

因为有一个保障意识超强的米米，所以，小猪在国内时每年都投有保险。年缴费1800元人民币，对应的保障范围是10万元人民币，印象中到了某个年龄还有返还。因此，拿到加拿大的保险报价后，米米很自然地进行了比较。

结果很受伤。加拿大的医疗保险真心不便宜。小猪这样5岁大的小小孩，5万刀的保额，一年算下来，保费差不多1000刀，折合人民币要6000元了。

各家一扫描，情况差不多。好吧，人在异乡，谁能保证没有个头疼脑热，尤其是几岁大的小屁孩呢？所以，保险是个无法略过的标配。

在国外买保险到底有没有用？干吗不省下这笔开支？很多人问过我这个问题。

呃，其实这真是个见仁见智的问题。

在国内的时候，我曾经长时间负责保险公司的新闻报道，自认对这个问题的看法相对理性。保险是个地道的舶来品，最早源起国外的互助社。

类似于朋友扎堆，人人出些份子钱，将这些钱聚拢在一起，帮助其中不幸出现意外、疾病的人。因此，保险本意上是大家团结起来未雨绸缪，在没有下雨的时候买一把伞，帮助那些淋雨的人。

我个人看来，保险本质上不是一种投资品，而是一种保障；你当然需要钱生钱，但同时也需要规避风险——拥有一个稳固的后方不是吗？因此，严格意义上，当你打开荷包、决定投保的时候，最理想的状况应当是——投出去的保费帮到了别人，而不是自己。但是，很遗憾，很多时候，人们更喜欢以等价交换的法则去揣度保险，而忘记了这种工具的初心，再加上保险公司的业绩压力。因此，在我看来，国内的保险目前很大程度上已经沦入"投资品"的怪圈。

具体到小猪，买保险的时候，我们抱着防患于未然的心态，希望尽量不要发生理赔。但是，现实中，保险的确帮到了一些忙。

比如，小猪在社区诊所的美女医生那里待了20多分钟，结账一看：诊费160刀，另加一瓶清洗鼻子的海水16.99刀，合计176.99刀。

手握这张真心不便宜的账单，米米毫不犹豫地拨通保险公司的客服热线。结果在意料之中——全额报销！但是，理赔确实有点烦。许是加国的人工昂贵，总之代理人在这个时候是帮不上大忙的。各项理赔程序——主要是提供一大堆单证，都得亲力亲为。折腾了两天、无数通电话沟通后，终于按照保险公司的要求备齐材料寄出；没有想到的是，理赔竟然也是超快、超爽手的！大约两周，保险公司的报销支票就已经躺在了我家信箱。

不过，关于保险，我们也小有遗憾。普通的医疗保险不负担有关牙齿的治疗。因此，无法！两次带小猪去看她的小狗牙，花掉米米100多刀，只好自己埋单。

为老人买保险

我们离开加拿大前夕，外公外婆的签证审批下来，按照原定计划，两位老人正好趁着这个机会到加拿大观光旅游，顺路与我们一起回国。

接到这个消息后，米米赶紧出动，打探针对老人的短期旅游保险。四处一问，原来，这种情况相当普遍。很多家庭都会遇到老人探亲的情况，保险公司推出的“家庭团聚保险”针对的就是这种情况。

保费当然是不便宜的。比如我们家外公外婆买的保险，保障期53天，保费一个是570刀，一个大约600刀。

但是，anyway，在我看来，这是一笔无法省去的费用。当然，现实中，因为费用昂贵，确实有不少人抱着侥幸的心态不愿投保，其中也出现不少曲折波澜的故事。

无惧和大机构打官司的民众

2013年3月，我所在的康考迪亚大学，一位名叫Scott MacLeod的男生在乘地铁时被罚了245刀。原因是安检人员认为他阻挡了地铁车厢关门。对于这项处罚，Scott很不服气，于是上诉法院，结果扳回全局，被判定没有违法。这件事情和后来类似的几件事给我留下了深刻印象——看上去，加拿大老百姓一点都不怕那些大机构、大企业甚至政府部门呢。

学生胜了公交公司

根据Scott的描述，2013年3月中旬的一天，他在Guy-Concordia地铁站随人群进入已经停在站内的地铁车厢。由于当天乘地铁的人较多，他排队缓慢进入车厢，与平常一样，并没有故意延迟进入车厢。但是，当车厢一关，他发现有两名安检员靠近地铁车厢，举旗示意驾驶员停车，并要求Scott下车，向其开具了219元的罚单。Scott说，他试图解释当时的情况并表示歉意，但安检员坚持认为Scott迫使车厢门无法正常关闭。

蒙特利尔公交公司发言人后来指出，经常有乘客阻挡在车厢门之间或拉动紧急车闸，导致地铁延迟发车。全年一半的延迟事件是因此造成的，一年平均下来有80起。因此，公交公司对这种情况相当地深恶痛绝。

接到罚单的Scott很是不满，将自己的遭遇投诉给CBC电台的节目Daybreak。此事经电台传播后，引起许多听众的热议。戏剧性的是，一名女士主动站出来，到法庭为Scott作证，证明他当天确实不是故意挡住车门不关，并向法官描述了Scott进入车厢前，车厢门即将关闭的一幕。因为有了证词，法官最终判Scott不用交罚款。

这件发生在我身边的事情给我留下很深印象——面对公交公司这样的大家伙，老百姓好像一点不惧呢。

和警察对簿公堂

这件事情之后，我发现，加拿大老百姓的维权意识相当高。针对普通民事纠纷的小额诉讼法庭的生意相当红火。不少普通加拿大民众都有过上法庭的经历。

比如，一位大二的学生告诉我，他有一次曾被警察无故开罚单，讲理无用之下，这个孩子一恼之下，就把警察告上了法庭。结果开庭那天，警察甚至连出席都没有，法官于是当庭宣布罚单无效。

就在我提笔行文的时候，另一个在蒙特利尔大学主修工会管理的孩子告诉我，因为和房东的一点点小小纠纷，他准备下月出庭。这个孩子坦白说，他的专业需要了解诉讼全过程，他上诉的原因纯粹是“学术目的”——想积累开庭受审的经验。

甚至，在我租住的7400，冬天的时候也有一大帮租客联手准备打官司。原因是大楼物业管理通知租客，第二年的房租要上浮10—20刀。这让一些老租客相当不满，于是在网上发起倡议，号召大家一起上庭。

总之，在加拿大不长不短地待了一年下来，我发现，这的确是一个典型的“欺软怕硬”的国家。只要你有道理，你感到自己的权利受到侵犯，你就应该大胆站出来保护自己。

乒乓球

小猪4岁多就已经开始在国内学习乒乓球；因为受教于专业教练，水平还相当不错。到了加拿大，怎样保持小姑娘的乒乓球水平呢？为了这个，米米也是绞尽了脑汁。

乒乓球俱乐部

在Google上好一番搜索，还好，蒙特利尔也有专业的乒乓球教练，而且还来自中国！虽然离我们住地不近，但是有直达公交可到。和教练通过电话后，我们有点欣喜地发现，这个中国教练移民以前在国内八一队打过，水平应该是相当不错的。

小猪风雨无阻、每周必去的回声乒乓球俱乐部。

一个周末的傍晚，我带着小猪，一大一小两个人赶到教练所说的“乒乓球俱乐部”，原来是在Queenmary一所教堂的地下室里。放眼一望，场地是不小的，足足有20来张球台呢！我们到的时候，正是俱乐部的开放时间，场子里有中国人、有外国人，也有中外混打，果然是热火朝天的场面！

一个七八岁的小哥哥和一个九十岁的小姐姐正在和教练练球。我和小猪现场围观，发现小哥哥和小姐姐的水平真心不错！训练空档，我们抓紧时间向教练介绍了小猪的情况，又请教练测试了小猪的水平。就这样，小姑娘在加拿大的“乒乓球之旅”正式开启。从此以后，不论雨雪，每逢周六下午3点，小猪和米米的身影就雷打不动地出现在“回声乒乓球俱乐部”。

第一次参赛

日子一天天地过去。第二年的4月，正赶上魁北克省的乒乓球比赛，在向教练咨询后，我和小猪决定报名参赛！

说实话，5岁的小猪参加这样的比赛是相当吃亏的。因为没有同年龄

魁省乒乓球比赛。

组的比赛，小猪只能参加9岁以下年龄组的比赛。然后，来到了赛场，我们发现——除了一个8岁小姐姐，其他选手都是清一色9岁大的姐姐。好吧，比赛第二，参与第一！

但是，但是，我家的小猪实在是有点慢热，丝毫没有竞技的感觉，倒真真像“来此一游”！米米忍不住心急，小猪坦坦然：It takes time!（需要时间！）

终于，米米发现真相：和小姐姐们相比，6岁的小猪显然拿比赛当成了玩儿，已经不仅仅是淡定了。事实上，在2/3的时间里，小猪一直对能够翻比分牌的裁判充满无限兴趣与向往，并身体力行，忙不迭地凑过去要当裁判小助手。

比赛一路进行到下午，小姐姐们如火如荼地较劲儿，兼之场外亲友团的摇旗呐喊终于影响到小猪。最后一局，小猪突然发力，3：0战胜了一个8岁的小姐姐。

虽然什么名次都没拿到，但这仍是令人印象深刻的一场比赛。老外亲友团的表现令人难以忘怀。有爸爸妈妈在场上叫好声连连，声势甚至抢过裁判；有双方家长为一分的判决争得面红耳赤；还有家长看见孩子失利、没有发挥出水平，痛心疾首，甚至比孩子还难过……

谁说老外对孩子的教育放任自流？明明现实版的反面教材嘛！也许我看到的都是些个案，但是这些个案中，父母对孩子比赛的重视和中国家长有过之而无不及！相形之下，第一次参赛的米米和小猪倒真的像是来跑龙套！娘俩太淡定……

Chapter 8
再见，加拿大！

旅居加拿大一年，

归国的想法从未改变！

他乡虽好，非我故园。

再见，加拿大！

你好，中国！

学习中文

按照计划，小猪最迟第二年7月要回国参加小学报名。因为很早就听闻国内小学拼音进度特别快，因此，小猪在加拿大的这段时间里，还有一项重要的事项——学习拼音。

中文学习班

小猪的拼音学习其实很简单，主要依靠我们从国内带来的两本语文学前教材。想着只计划在加拿大待一年，因此，小猪语言学习的重点仍然是英语。相形之下，当地的华人孩子学习中文可以用“事业”来形容。

华人家长普遍非常重视孩子的汉语学习。不少家长选择送孩子去专门的中文学堂学习，因此包括孔子学院在内的各种中文学习班相当盛行。

中文学习跨越年龄。

一位移民蒙城多年的中国妈妈告诉我，她夏天才把12岁的女儿送去了中文学堂。原来，小姑娘在学校里法语和数学的学习出现了一些问题。仔细一了解，家长这才发现，所有的问题其实并不是学习问题，而是孩子到了青春期出现的一些心理问题，不仅开始讨厌学习，甚至在很多方面都感到迷茫。发现状况，父母当然忙不迭地和孩子谈心，可是谈了半天，孩子说，妈妈你说的什么，我听不懂。那一刻，妈妈才意识到，孩子需要学习的不是课程，而是语言——她首先要能和妈妈深进行层次交流。

这样悲凉的故事在国内听来似乎十分遥远，但在国外的移民家庭却时有发生。很多在国外环境下长大的孩子，当他们的世界观形成，面对职业、生活方式、生活伴侣的选择，需要与父母交流。这种交流不能只停留在表面，需要有一定的深度，这就要求他们有一定的中文理解力，对中国历史文化有一定程度的了解。

很多华人父母义无反顾地强调孩子学习中文，哪怕只是中文口语。大人其实不在乎孩子认了多少字，读了多少书，能写什么样的文章，最朴素的要求只是——能和孩子多说说话。

中国家长的无力

不仅孩子的中文学习，异国他乡的全新生活为移民家庭带来各种各样的冲击、变化。一年经历下来，我深深感到移民家庭的不易；深深感到，勇当先驱的移民一代真真是苦逼的一代、垫底的一代。

中文学习只如冰山一角，折射出华人家长在子女教育上的无力感。一位毕业于国内某“211”大学的华人家长说到自己参加女儿家长会时的经历，相当幽怨：“在国内好歹也是个高知家庭，到了国外，真感觉成了民工。”

原来，身处魁北克这样一个“法语”为官方语言的地方，法语很多时候确实相当“强势”。不仅老师在家长会上清一色法语交流，一些老师甚至不愿意回答家长用英语提出的问题。所以，你懂的，本来英语就已经“跳脚”的家长，要想用法语进行深层次的畅顺沟通实在是高难度的动作。

“学校举办音乐会，小朋友做演员、家长买票做观众，但是根本听不懂孩子们表演的到底是什么；只有别人鼓掌，我们也跟着鼓掌……”说到孩子的教育，这位妈妈相当黯然。

语言障碍成为天然的屏障，阻滞着相当多的华人移民正常融入西方社会，客观上让他们无法深入主流文化，在一定程度上“孤绝”，成为这个社会独特的一个族群。国内的大学教授到了国外只能端盘子；国内的名牌医生到了国外只能从事最基层的工作；我身边的一个朋友千辛万苦拿到了德国的博士学位，但为了糊口，最终转行卖起了海参……

只有曾经漂洋过海、异域他乡，真正看到这样鲜活的人，你方始明白这样的故事不只是“故事”，更是加诸一个个血肉之身的苦泪纠结、暗黑挣扎。

面对这样一个语言和文化截然的新国度，当父辈尚在泥沼中奋力搏斗求存，我个人认为，对于子女的教育和关注在很多家庭存在着隐患。一方面，父辈的生存状态影响着整个家庭的氛围；另一方面，语言客观上阻碍着父辈对子女学习、生活的深入指导。

曾经，我们以为到达了彼岸；但是——彼岸原来仍是彼岸……

苦逼的移民一代

子代与父代观念上的冲突，是移民一代绕不过的另一道坎。

在中国社会淫浸成人的移民一代，毫无悬念地会将子女作为自己生活的大部分重心甚至目标。不少移民一代漂洋过海的最直观理由是——“为了孩子！”即便在国外受挫，相当多人也会因为——“为了孩子”而选择苦捱。

但是，随着时间一天天流逝，身受西方文化“洗脑”的孩子，思想已然全盘西化。在子代与父代的关系上，传统中国家长心底普遍将孩子视为珠宝、视为生命的延续。但是，按照西方社会的观点，孩子是独立的个体，属于社会而不属于父母。在这种环境下长大的孩子，即便幼时身受着父母百般的呵护，长大成人的时候，相当一部分仍会接受“从众”的观点——父母属于社会，并非自己的责任和义务。

因此，尽管相当多移民一代勤劳肯干，在财富上早已经站稳脚跟，过着富足的生活；但是，在感情上，要接受子女将自己视为“外人”、各行各路的冰冷事实，仍如剜肉刮骨、刀口舐血，当真残忍。

有人预见到这种“悲惨”的未来，毅然选择归国。

我的一位从事IT的男性朋友，多年前移民加拿大，万般纠结后，最终选择归国。IT男说，他的英语老师是当地的一位老太太。某天上课时，老太太难抑内心喜悦，向大家分享喜讯——女儿邀请她去多伦多共度圣诞，并帮她报了某个舞蹈班！末了，老太太补充："所以我得要努力工作！我要赚钱支付舞蹈班的费用！"

IT男称，听完老太太的"神补刀"，被彻底吓倒！"我无法接受，未来某一天，儿子对我说：爸爸，欢迎共度圣诞！我帮你报了个'旅行团'，但你得自己掏钱！"IT男说。

一切皆有可能！

尽管上文中列举了我眼中华人移民的挣扎纠结，但是，客观上，这仍然是一片"一切皆有可能"的神奇土地。

最具说服力的个案莫过于本届加拿大政府的内阁组成。2015年11月，小特鲁多正式当选为加拿大第23任总理。11月一个阳光明媚的日子，他带着家人以及内阁成员们终于亮相。然后，你看到——31名内阁成员的背景和履历着实叫人咋舌！

国防部长的要职被授予印度裔移民哈吉特·萨吉安（Harjit Sajjan）。交通部长被授予加尔诺（Marc Garneau），第一个进入太空的加拿大宇航员。

民主机构部长玛丽亚姆·蒙赛福（Maryam Monsef）曾是阿富汗小难民，20年前为逃避塔利班随母亲颠沛流离，最后来到加拿大。基建部长艾马吉特·索伊（Amarjeet Sohi）1964年出生在印度。他在进入政坛之前是埃德蒙顿市的公交车司机。1988 年索伊回印度探亲，被当成恐怖分子关押了两年多，对他的指控最后不了了之。

老兵事务部长赫尔是内阁中唯一一位残疾人。他青少年时代热爱棒球和冰球，原本志向是做一名体育教师。21岁时，赫尔不幸在一次枪击事件中被流弹打中，从此四肢瘫痪。

不仅如此，31名内阁中竟然有15名女性。这不仅在加拿大政坛是第一次，在全球也十分罕见。这些"铁娘子"将执掌加拿大司法部、国际贸易部、卫生部和就业与劳工等重要部门。

总之，看完这份名单，你心中除了惊奇，涌动的最大感慨是——一切皆有可能！对于中国移民来说，虽然前路崎岖，但这同样是一片蕴涵着"一切皆有可能"魔力的神奇土地。语言如同一座"巴别之塔"，一旦中国移民能够顺利翻越这座"巴别之塔"，那么在这个弱化阶层固化的土地上，只要敞开心胸、付出辛勤和努力，等待他们的是一片广袤沃野！

出海观鲸

几经波折，外公外婆的签证终于办了下来。6月份两位老人将正式造访加拿大。能够在他们身体健壮的时候陪他们在国外“深度”走一遭，米米已经觉得完成了心中一大夙愿。

外公外婆来访，在我和小猪为他们安排的几次旅行当中，出海观鲸是国内难得一见的“特别节目”。9月一个风和日丽的早上，我们从蒙特利尔沿圣劳伦斯河向东一路飞车五个多小时，到达了小镇狼河口。在这里换乘观鲸邮轮，再顺着圣劳伦斯河颠簸一个多小时，终于到达了东海岸的观鲸海域。

传说中的“鲸鱼”

并没有传说中如山般的庞大身躯在船侧升起的冲击波画面。上到观鲸游轮，我们这才发现，出海观鲸实在是一件碰运气的事。

工作人员首先向大家进行心理辅导：鲸鱼是很有性格的存在。一方面，它们出没的概率弹性相当大；另一方面，海面一旦雾气太大也会影响观鲸。总而言之——能否看到鲸鱼，事关人品。BUT，点亮一大段解说词的关键点在于：预计今天天气不错，看到鲸鱼的可能性很大！

很快，在一干游客的翘首以盼中，船上广播传来激动的声音：船头前方两点钟方向发现一头鲸！众人一拥而至右栏观望。果然，一片黑色的

鲸鱼背，闪着一身亮色水花正在下沉，鲸尾从水中升起，像一把打开的折扇，优雅摇动，又像是大写“V”字，尾端挂着大串的水珠，轻轻摆动着入水。

与鲸鱼的遥遥相望，与我想象中的壮观英伟场面确实有很大出入，但是，总算看到了鲸鱼不是？几番努力，不负厚望，终于拍到了鲸鱼的尾巴（如果大家找得到的话）。

总之，在观鲸船上厮混3小时的回报是：看到数只或黑或白的鲸鱼喷水，露背，露尾巴……

跋涉数小时，看到鲸鱼的时间加起来不过三四分钟，当真算是惊鸿一瞥。但是，按照解说员的标准，即便这样的惊鸿一瞥也已经算不虚此行了。

冲锋小艇

当我们在观鲸邮轮上厮混的时候，邻近的观鲸海域出现好几艘冲锋小艇。相形观鲸邮轮的四平八稳，这种专门带游客近距离观鲸的冲锋小艇更加刺激！

冲锋小艇一般只能载七八名游客。游客身穿耀眼的红色、橙色、黄色雨衣，很像是海豹突击队。小艇随雷达引导在大海上迎风追浪，追踪大鲸。一旦发现鲸鱼，就翘起半个船底，在翻卷的浪头上直冲过去，就像短

兵相接的格斗战场。我们远远观望，想象那小艇上的人泛舟海上，身边翻腾着神秘的海洋巨兽，这样的经历定是人生中浓烈的一笔。

但是，愈大的快乐隐藏着愈大的痛苦。人生中浓烈的一笔有时候可能需要付出惨烈的代价。风口浪尖上的颠簸自不消说，冲锋小艇的危险性其实相当可观。观鲸游轮上的导游告诉我们，1998年，温哥华岛西岸的海域就曾经出现过一次观鲸小艇翻沉的事件。2名游客在那次事故中葬身大海。

海洋文化VS农耕文化

不管怎样，看到了出没大海的神秘生物，填补了人生中的一个空白。几个小时游弋在茫茫无边的大海上，更让我对西方的海洋文化有了比以往深刻的理解。

为什么东方人更趋保守，而西方人天性开放？我曾经对这一点百思不得其解。但是，身处三水交汇的Ste-Catherine海湾，几个小时游弋于茫茫无边的大海上，我感到隐约些微理解西方人天性开放的由来。

传统的中国文化植根于面朝黄土背朝天的农耕生活。一方面，人们看天吃饭，对权威有一种发自内心的注重与敬畏；另一方面，不论是种子的保存还是季节的应对、工具的制造都需要借鉴先人积累，因此所谓的“传承”便认真甚至严苛。按照我个人理解，很大程度上，匍匐大地、自给自足的农耕生活是农耕文化保守、和平、中庸的土壤。

相形之下，海洋文化植根于大海的莫测变幻，不断面对着异质文化的挑战、考验，从中汲取营养，因此，海洋文化的开放、多元、侵略、个人主义便也合情合理。不仅如此，从陆地进入海洋，对于人类来说，本身就是一种挑战，这样的挑战天然培养和激发着人们的创新与进取精神。反映在思想上，人们受到的精神束缚也便更少，更难形成对权威的顺服。比如，最典型的海洋文化的代表——希腊。希腊神话中的诸神，其实并没有至高无上的权威。大多数神像一群顽皮的孩子，即便主神宙斯也行为不检点，没有很高的权威。

西方的海洋文化过于开放和弹性，照我看来，本来是有很大缺憾的。但是，有意思的是，西方人不断强调各方面的“量化”，某种程度上，通过可以度量的“制度”在弥补着自身文化的短板。比如，在加拿大的最后半年，我主要忙于撰写自己专业上的一门著作。查阅大量资料的过程中，我不禁对西方学者学术研究的严谨大感折服。西方的学术研究讲求创新，但极其强调对前人研究的总结；标准的论著基本都有相当的篇幅描述前人在相关领域的研究成果。这样的学术研究，实际上是循着“兼容并蓄”的路子在行进。[国内的学术研究其实也基本是照着类似的框架在进行，但因为缺少老外对“plagiarism”（剽窃）界定的高昂违规成本，这样的西学东渐很大程度上变成了“取法其上得乎其中，取法其中得乎其下”。]

总之，凭海临风，海水幽蓝深邃，仿佛带着神秘的力量向前奔流；极目望处，云卷云舒中海天一线。那一刻，你看见蓝天高远，感到胸怀无限；你方明白：大海使人辽阔不仅仅是文字……

老漂族

像外公、外婆这把年纪的华裔老人在加拿大还真不少。有些老人在此地待够了一定年限，直接申办了绿卡，成了真正的“加拿大人”；还有些老人拿着为期10年的“超级签证”，国内和国外两地如候鸟般往返。这些老人被称为“老漂族”，他们的共同特点是——为了孩子！

绝大部分老人的子女是过去10年间移居加拿大的技术移民。这些技术移民本是国内的精英阶层，但是来到一个全新的地方，一切从零起步，要读书、找工作、供房子、养孩子，其中的压力可想而知。从年轻人的角度看，他们非常需要老人可以帮他们分担家里的很多琐事。从老人的角度看，相当多的老人本身在国内有着相当的地位，教授、专家、医生、公务员这样的头衔、职业十分常见，他们其实并不愿意背井离乡，远赴异国。但是，为了孩子，很多人选择“老来从子”。

为了与孩子团聚，或是帮忙拉扯第三代，本该颐享天年的中国老人不得不远渡重洋，在异国他乡品尝着另一番晚年的滋味。

很多老人感到，自己的个人能力虎落平阳难施展。其他的不消说，语言不通、不会开车，让很多老人一踏上这里的土地就成了哑巴和腿残。不少老人家中来了客人，不敢应门，要让子女去对付。加拿大虽以“福利好”素称，但去医院看看小病小灾，往往要排队几个月，且看病问医还需要子女全程陪同，这对于老人来说非常不便。不少老人在处理和子女的关系问题上也常常陷入苦恼；一些老人在国内当家做主，到了国外，却发现只能“服从孩子”，与子女，特别是子女的另一半，相处困难，矛盾丛生。

总之，对于大半辈子在国内生活的老人来说，异国他乡的生活相当不易。在蒙特利尔这一年多来，在和一些国内老人的只言片语中，我其实能感到他们心中深深的孤独、失落甚至怨气。

毕业日

6月21日是个特别的日子。这一天是Room 5的毕业日。对于小猪来说，6月21日的意义就更加重大了。这一天不仅是小猪在kinder garden的毕业日，也是小猪在加拿大最后一个上学的日子。

简单又隆重的仪式

和国内的情形差不多，为了庆祝这个特别的日子，每一位小朋友的家长都来到学校，准备见证这个重要的时刻。米米和外公、外婆齐齐出动，摆出最强大的家长团阵容，早早地来到了学校。

Ms. Cher这一天穿着鲜艳的蓝色大花裙早已在教室里等候大家。Room 5的教室显然是经过了特别的布置。老师们把每个孩子的头像剪影出来，贴在教室后面的黑板上。每个孩子的剪影下面还放着老师自制的心意卡，上面贴着孩子头戴学士帽的毕业相片。侧边的小桌子还摆放了一溜儿的零食、点心，整个教室洋溢着毕业日的气氛。

但是，不得不说的是，这实在是叫人百感杂陈的一天。我们的归国行程已经安排好，离开加拿大的日子已经倒数。想着这是小猪在学校的最后一天，想着一年多来的点点滴滴，米米的心情有点儿沉重。平时叽叽喳喳的小猪这一天也特别安静，显得心事重重。

在小电影的回放中，Room 5的毕业典礼正式开始。细心的Ms. Cher亲

手剪辑了小电影，回放了一年来Room 5的点点滴滴，甚至还为每位家长准备了CD以及小朋友自己的一本画册。翻看小猪的那本画册，几乎每一次Room 5的活动，Ms. Cher 都为小猪留了影并留了言，最后集结成这样一本孩子的成长画册，着实让人感动！

音乐声中，毕业的重要时刻终于到来！十来个小人儿头戴学士帽、身披学士袍，像模像样地排排队与每位老师握手、留影……

分离

欢乐大食会是毕业日的压轴戏。早前，家长们已经按照老师的提示，让小朋友们带回了各式各样的零食、点心。现在，大人儿和小人儿们会合着品尝着美食，互相攀谈。

毕业日上，Ms.Cher和我们的留影。

平时馋嘴的小猪，今天表现得胃口欠佳。她拉着我的手，分开人群，找到Ms. Cher，想要和Ms. Cher合影。好像知道自己很快就要离开加拿大，可能再也见不到Ms. Cher，小猪紧紧抱着Ms. Cher，不肯放手也不肯说话。看到小猪这番举动，我和Ms. Cher都十分动容。

走出伊丽莎白·布兰坦小学，夏日灿烂的阳光照耀着校门前的荫荫绿树，朵朵白云飘浮在湛蓝的天空。深呼吸一口新鲜空气：再见了！伊丽莎白·布兰坦小学！再见了！Ms. Cher！再见了！Room 5！

临别那一刻，强忍了很长时间的小猪再也抑制不住，扑进米米怀里放声大哭：我想Ms.Cher……看着眼泪汪汪的小人儿，妈妈心里十分难过：相聚有多么快乐，分离就有多么痛苦！可是，孩子啊，这就是人生！天下没有不散的宴席，人生总是要经历不断的痛苦和快乐……